JN065293

4

# もくじ

# ファッションのきほん

まずは、おしゃれのきほんルールをチェック！

柄や色の合わせ方をはじめ、いろんなファッションテイスト、

シーン別のオススメコーデもご紹介。

ちょっとしたコツを知ることで、

ぐっとおしゃれ度がアップしちゃうよ☆

# ファッションの きほんルールを 覚えよう！

おしゃれな着こなしをかなえるために
覚えておきたいルールがいくつかあるよ。
きほんをおさえれば
洋服えらびがもっと楽しくなる♪

## ルール① 柄＋柄は要注意！

コーデをぱっとはなやかにして、印象を変えてくれる柄アイテム。
でも合わせ方をまちがえると、ごちゃごちゃに見えてしまうことも…。
柄アイテムを上手に取り入れるテクニックを紹介するよ！

### 柄＋無地 は失敗なし

柄コーデをおしゃれに仕上げるなら、無地を合わせるのが正解。無地の服が柄を引き立てて、どんな柄でもおしゃれにキマる☆

ボトムスとくつ下など、服と小物の柄をさりげなく合わせるのもグッド◎

### 柄＋柄 のコツ

うまくいけばぐっとセンスアップする、柄どうしを合わせる上級テクニック。片方を暗めの色や小さめの柄にして、まとまり感を出すのがポイント！

ボトムスの落ち着いた柄が、ボーダーを引き立てて大人マリンに♪

ポップな星柄には、暗め＆小さめのドットを合わせてすっきり☆

# ルール② 色合わせのバランスをとる

コーデを組むときは、使うカラーを3色以内にまとめるのがきほん。
「メインカラー」「アソートカラー」「アクセントカラー」の3つをバランスよく取り入れて♪

## メインカラー

見える面積がいちばん大きくなる主役の色。黒ならクール、ピンクならキュート…など、メインカラーしだいでコーデのふんいきがキマるよ。

## ちょいテク2

黒やグレーは合わせやすいカラーだけど、そればかりだと地味な印象に。ボトムスが黒ならトップスは明るめをココロがけてみて♪

## アクセントカラー

コーデをしめてメリハリを出してくれる色。メインカラーの反対色や濃い色を、くつや小物で少しだけ取り入れよう！

## ちょいテク1

原色やハデ色ばかりだと、色どうしがケンカしちゃうよ。どこかにおとなしい色を取り入れてバランスをとろう！

## アソートカラー

メインカラーを引き立ててくれる色。主役をジャマしない、シンプルでなじみのよいカラーをえらぶのがオススメ。

## ちょいテク3

全身うすい色ばかりだと、存在感までうすくなっちゃう!? アクセントカラーに濃い色をプラスしてメリハリを出そう。

なるほど！

## 白と黒は万能

どんなカラーとも相性バツグン！ 色えらびで迷ったら、白か黒がオススメ☆

## 自分に似合う色

色白さんはピンクなどのあわい色、色黒さんはブルーなどの濃い色が似合うよ。

11

## ルール③ シルエットを意識しよう

**A ライン**

**I ライン**

上半身からすそに向かってふんわり広がるシルエット。清楚でキレイめな印象になるよ。

全身すっきり、細くまっすぐなシルエット。クールで大人な印象になるよ。スタイルアップ効果もアリ◎。

きほんのシルエットは4パターン。
どんなシルエットにしたいかを考えながらコーデを組むのも
おしゃれの大切なポイント！

**X ライン**

**Y ライン**

ウエストをきゅっとしぼったメリハリのあるシルエット。くびれを強調してガーリーでかわいい印象に。

上半身にボリュームを出し、ボトムスをタイトにしたシルエット。ラフな印象＆体型カバーもばっちり！

# ルール④ 小物づかいでバリエーション

小物をうまく使うことで、コーデをぐっと上級者っぽく見せてくれるよ。
ルール②で紹介した「アクセントカラー」を小物で取り入れるのもオススメ！

## 服との色合わせ

全身のバランスを見て、洋服に合った色や、テイストをそろえることを意識してみて♪

## つけすぎ注意

アクセは2〜3個くらいまでがベスト。たくさんつけるときはシンプルなものをえらぼう！

## シーンに適したものをチョイス

季節や場所に合わせた小物えらびも大切。春は綿、冬はニットなど素材にもこだわってみて♪

小物をうまく使って
おしゃれを楽しもう！

小物の
アイテム紹介は
60〜62ページを
チェック！

# ルール⑤ 買い物前にクローゼットを確認

まずは自分の持っている服をチェック☆
どんなデザインや色のアイテムが多いのかを調べて、
何を買えば持っている服と合わせやすいかをイメージしてみよう♪

### どんな アイテムが多い?

あまり持っていないアイテムを買うことでコーデのはばが広がるよ!

### どんなテイストに挑戦したい?

挑戦したいテイストを決めて、着まわしがきくアイテムをえらぼう!

### 色のかたよりはない?

暗い色ばかり、ハデな色ばかりだったら新しい色も取り入れてみよう☆

### どんなデザインを持っている?

買ってから「同じような服を持っていた!」とならないよう事前にチェック♪

# ルール⑥ 試着はマスト!

デザインが気に入っても着てみるとサイズが合わなかったり、
想像とちがったりすることもあるよ。すぐに買わず、まずは試着をしてみよう♪

### サイズ

すそやそでの長さなども、着る前のイメージどおりかチェック!

### 動いてみて

動いたときの着心地はどう? くるっと回って後ろ姿も確認しよう。

### 色

カラーバリエーションがあるなら、いろんな色を着てみるのもアリ。

# あなたのお気に入りはどれ？
# ファッション★テイストをチェック！

服の色やデザイン、組み合わせによって
コーデの印象はガラリとチェンジ！
ここでは、代表的な8つのファッションテイストを紹介するよ。
自分に似合うテイストを見つけよう♪

ラブリー♥
スイート

## ゆるふわ
## ガーリー

女の子らしいキュートな
ふんいきがポイント。
リボンやフリルなどの
甘口アイテムでまとめよう♡

## コーデのポイント①

赤やピンクなど、暖色やパス
テルカラーをどこかに取り入
れて女の子っぽいふんいきを
プッシュしよう。

## コーデのポイント②

ふんわりしたスカートやワ
ンピースで下半身にボ
リュームを出して、Aライン
のシルエットを意識して♪

16

# ゆるふわガーリー になれちゃう
# アイテムをチェック！

Check★

### フリルTシャツ

そでの甘めフリルがガーリー
要素満点♡

### ボウタイつきブラウス

ボウタイできちんと感も出せ
る優秀アイテム♪

### コンパクトカーディガン

コンパクトなシルエットで着
まわし力も高め

### ティアードスカート

段々に重なったフリルがボ
リューミーでかわいい♡

### リボンつきベレー帽

コーデの仕上げにぴったりな
甘口アイテム

### パールネックレス

大人かわいいをかなえるなら
上品&甘めのパールが◎

### ショートブーティ

リボンのワンポイントで女の
子っぽさをちょいたし♪

### ショルダーバッグ

キルティング素材ならさらに
ガーリーなふんいき

# ゆるふわガーリー☆季節コーデ

## ❤ 春 Spring

## ❤ 夏 Summer

パステル
カラーバッグ

ウエスト
リボンスカート

フリルTシャツ

フレア
スカート

白×ピンクは王道のガーリー配色。

トップスをインして
ウエストの大きなリボンを
アピール！ さし色も
パステルでとことん甘口に♡

ふわっとゆれるスカートが
女の子らしさ満点。

そこにボリュームのある
フリルTシャツは、
腕を細く見せてくれる効果も！

秋 _Autumn_

ボウタイつき
ブラウス

チェック
ショーパン

冬 _Winter_

ファー小物

ムートン
コート

ゆるふわガーリー

存在感のあるボウタイが
上品ガーリー♡

カジュアルになりがちなパンツは、
女子っぽなチェック柄で
甘さをアピールしよう。

ファー小物は白やパステルカラーを
えらぶとキュート。
羊の毛皮でできた

ムートンコートは、
ベージュ×白の配色が甘かわ♪

# こなれ
# カジュアル

シンプルなアイテムで、
動きやすさも重視したラフなコーデ。
親しみやすい
ふんいきがミリョク。

## コーデのポイント①

カーキやネイビーなど、落ち
着いたカラーを取り入れよ
う。地味にならないよう小物
でさし色をプラスして♪

## コーデのポイント②

ナチュラルなかわいさを引き
立ててくれるデニムは、カ
ジュアルコーデの代表アイテ
ム！ 丈は長めがオススメ。

# こなれカジュアル になれちゃう アイテムをチェック！

Check ★

ボーダーT

カジュアルの定番柄を取り入れた万能トップス☆

ロゴロンT

着まわしやすく、1枚持っていると便利

ブルゾン

アウターはラフに着られるブルゾンがオススメ

ワイドデニム

太めシルエットがゆるっとカジュアルなふんいき♪

キャスケット

丸みのある形がほっこりかわいいのがポイント

ヘアバンド

柄や色ものをえらんでこなれ感をゲット☆

フラットシューズ

ほどよくきちんと感もあってラフにはける♪ さし色にも◎

トートバッグ

ナチュラルなふんいきを出せる布素材がグッド

こなれカジュアル

# こなれカジュアル☆季節コーデ

## 春 Spring

白ロンT

オーバーオール

## 夏 Summer

ロゴT

ヒッコリーショーパン

シンプルな白ロンTや
腰に巻いたシャツがラフさを演出。
オーバーオールは
カーキをえらぶと
こなれ感がアップするよ。

Tシャツ×ショーパンの
シンプルコーデも
ロゴや柄で脱ふつうっぽ。
紺×白ストライプの
ヒッコリー柄がオススメ♪

# 秋 Autumn

パーカー

台形
ミニスカート

# 冬 Winter

ベレー帽

ブルソン

やや大きめのパーカーに
コンパクトなスカートを合わせて
ゆるピタなシルエットに。
赤スニーカーの
さし色も忘れずに☆

コンパクトなブルソンは
カジュアルさ満点♡
ベレー帽など、小物でコーデに
アクセントをつけるのが
こなれたおしゃれのコツ！

# きれいめ清楚

さわやか
レディ♪

シンプルなアイテムを
上品に着こなした、
落ち着いた印象のコーデ。
大人ウケもねらえちゃうよ♪

## コーデのポイント①

おとなしめなふんいきのコー
デのなかに、白や水色といっ
たさわやかカラーを投入して
キレイめに仕上げよう♪

## コーデのポイント②

肌見せ面積は少なめのほう
が清楚っぽ。ひざ下まである
スカートなど、落ち着きのあ
るものを取り入れて♡

# きれいめ清楚になれちゃう アイテムをチェック！

Check ★

### リブロンT
リブ素材がお上品。色は白だとさらにさわやか◎

### レースつきカーディガン
前を閉じればトップスとしても活用できて便利！

### Gジャン
うすい色のデニムだとより清楚なふんいき♪

### 長め丈スカート
ひざ下丈&ふんわりシルエットがやさしい印象♡

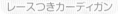

### カチューシャ
細いタイプのカチューシャは上品レディなアクセント！

### きゃしゃイヤリング
さりげなくはなやかさをプラスできる☆

### パンプス
シンプルなパンプスで足元まで上品に仕上げて♪

### レザーバッグ
色は茶色できちんと感&やさしげなふんいきに

# きれいめ清楚 ☆ 季節コーデ

## 春 Spring

コンパクト
カーディガン

長め丈
スカート

白トップスは清楚なうえに、
顔まわりを
明るく見せてくれる効果アリ。
スカートはふんわりシルエットで
レディにキメて♡

## 夏 Summer

えりつき
トップス

長め丈
スカート

えりつきトップスは
きちんと感が出て上品仕上げ。
落ち着いた色味の
あわいカラーのスカートも
大人見えポイント。

秋 ♥ *Autumn*

Gジャン

チェック
パンツ

冬 ♥ *Winter*

ダッフル
コート

ジャンパー
スカート

コンパクトな
Gジャンだとキレイめな印象に。
Gジャンとパンツの色味を
ブルー系でまとめるのも、
清楚っぽさアップのカギ！

ネイビー×ベージュは
上品さわやかなテッパンの
組み合わせ。
さし色も柄もなして、
シンプルイズベストな着こなし♪

アクティブ☆
キュート

# 元気
# スポーティー

明るくアクティブな
ふんいきのコーデ。
シルエットやデザインで、
女の子らしいかわいさも忘れずに♪

## コーデのポイント①

ユニフォームみたいなナン
バーロゴや、ジャージ風のラ
インなど、スポーツを連想す
るデザインを取り入れよう☆

## コーデのポイント②

ボトムスはミニスカートやレ
ギパンなど足がきゃしゃに見
えるものをえらんで、女子っ
ぽなシルエットに！

# 元気スポーティー になれちゃう アイテムをチェック！

Check ★

ナンバーロゴT

大きく数字が書かれたユニフォーム風Tシャツ！

Tシャツワンピ

切りかえ配色だと、よりスポーティーっぽい☆

ウィンドブレーカー

軽い着心地でアクティブに動けるスポの定番アウター

ライン入りスカート

サイドのラインは細見え効果も期待できちゃう！

キャップ

コーデが一気にアクティブなふんいきになるよ

テープロゴイヤリング

ゆれるイヤリングで女の子っぽさをアップしよう♪

スニーカー

コーデをさわやかに仕上げるなら白をチョイス☆

サコッシュ

両手があいてラクちん。さし色アイテムとしても万能

# 元気スポーティー☆季節コーデ

## 春 Spring

ウィンド
ブレーカー

ライン入り
ミニスカート

## 夏 Summer

キャップ

ポロシャツ
ワンピ

シャカシャカ素材の
ウィンドブレーカーは、
明るい色のものをチョイス。
スポのテッパン、
サイドラインも利いてる☆

テニスウェアみたいな
えりつきのポロシャツワンピは、
1枚で主役級のアイテム。
キャップは
かぶるだけで即スポ!

秋 (あき) Autumn

冬 (ふゆ) Winter

パーカー
ワンピ

ライン
レギパン

ナイロン
ジャケット

フレア
パンツ

ロゴと色(いろ)の切(き)りかえが
スポ度(ど)高(たか)めなワンピ。
レギパンを合(あ)わせれば、
下半身(かはんしん)スッキリのYラインで
スタイルアップも◎。

軽(かる)くてあたたかい
ナイロンジャケットに、
すそが広(ひろ)がったフレアパンツ。
動(うご)きやすさバツグンで
元気(げんき)さをアピれるコーデ！

# やんちゃ
# ストリート

どこか男の子っぽいふんいきの
ゆるい着こなしがポイント。
かわいいよりも、
かっこいいイメージ☆

## コーデのポイント①

大きめサイズのアイテムをえ
らんでゆるするなシルエット
を作ろう♪ ダメージデニム
など、デザインも強めが◎。

## コーデのポイント②

色を使うときは、ネオンカ
ラーや赤、青などパキッとし
た原色をチョイス。甘いカ
ラーは入れなくてOK!

# やんちゃストリート になれちゃう アイテムをチェック！

Check ★

## ラガーシャツ

ラグビーのユニフォームみたいなえりつきトップス♪

## スウェットワンピース

ゆるずるコーデをかなえるビッグシルエット

## パーカー

おしりがかくれるほどの大きめサイズがグッド☆

## カーゴパンツ

パンツは太めシルエットが断然（だんぜん）ストリートっぽ

## ガチャベルト

穴（あな）がない布製（ぬのせい）のガチャベルトは男（おとこ）の子（こ）っぽくて◎

## ニットキャップ

コーデのさし色（いろ）に大活（だいかつ）やくするネオンカラーがオススメ

## レースアップシューズ

足元（あしもと）にボリュームを出（だ）してコーデをかっこよく仕上（しあ）げ☆

## ウエストポーチ

ゆるいコーデに、メリハリも出（だ）せるアイテム！

# やんちゃストリート☆季節コーデ

## 春 Spring

重ね着風
ロンT

ストレート
デニム

バケット
ハット

ラガー
シャツ

## 夏 Summer

半そでと長そでを合わせた
重ね着風のロンTは
1枚でラフ&こなれたふんいき。
太めのデニムパンツと合わせて
ゆるさを強調しよう♪

ミニスカートコーデのときは、
トップスは大きくダボッとした
シルエットをえらぼう。
バケットハットも
男の子っぽさをプッシュ！

秋 *Autumn*

グラフィック柄
ニット

レースアップ
ミニ

冬 *Winter*

モッズ
コート

ケミカル
デニム

手がき風のグラフィック柄で、
ストリート感を強めに。
ちょい色っぽな
ミニスカートと合わせれば
大人ストリートが完成☆

ムラ染めした
ケミカルウォッシュのデニムで
やんちゃ感をプッシュ！
アウターは大きめサイズをえらんで
ゆるく着よう。

レッスン 1 ファッションのきほん

やんちゃストリート

35

ちょい
大人っぽ♪

# 甘辛クール

大人っぽさがミリョクの
シンプルなアイテムや、
アクセサリーを使って
辛口な着こなしをめざそう。

## コーデのポイント①

黒や白、赤といったハッキリし
た色を取り入れよう。ひとつ
のコーデに使う色は少なめに
まとめるのがルール。

## コーデのポイント②

タイトスカートやスキニーデ
ニムなど、細身のアイテムを
合わせてすらっとⅠラインの
シルエットに☆

36

# 甘辛クールになれちゃう アイテムをチェック！

### タートルネックロンＴ

細ボーダー&タイトシルエット
は着まわしやすく大人っぽ

### 黒シャツ

ボタンを上から2つほどあけ
て色っぽく着ると◎

### レザージャケット

どんなコーデもかっこよく
仕上がる辛口アウター

### ラップスカート

布をぐるりと巻いた形のデ
ザインが姉っぽレディ♪

### つば広ハット

存在感ばっちりで、コーデの
アクセントになるアイテム

### シルバーネックレス

クールな女の子らしさをア
ピールするなら色はシル
バー！

### パンプス

高めのヒールだと大人っぽく、
さし色アイテムとしても使える！

### チェーンバッグ

キラッと光るチェーンがはな
やかでおしゃれ度満点

37

# 甘辛クール ☆ 季節コーデ

## 春 Spring

## 夏 Summer

ロング
シャツ

スキニー
デニム

Tシャツ
＋
キャミ

コンパクト
ショーパン

トップスもボトムスも
長め丈×長め丈で、
Iラインシルエットを強調。
しぶくて落ち着いたカーキも
クールにキマる！

Tシャツとキャミソールを
重ね着すると
色っぽクールに。
コンパクトな黒ショーパンで
足長効果もねらっちゃお☆

秋 Autumn

冬 Winter

レザー
ジャケット

キルティング
コート

小花柄
ワンピース

タイト
ミニスカート

甘口なイメージの小花柄も、
レザーのスパイス＆
全身黒でまとめると
クールに仕上がるよ。
足元にはさし色を♪

メンズっぽなコート×
スカートでできる
甘辛ミックスコーデ。
小物でむらさきを取り入れて
アクセントに。

カッコ
かわいく♡

# 姉ギャル

ギャルコーデは
お姉さんなふんいきがポイント。
色やデザインで、
どこかに色っぽさを
プラスして♪

## コーデのポイント①

ヒョウ柄などのハデめな柄も
ダイタンに使っちゃうのがギャ
ルっぽ☆　そのかわり、ほか
のアイテムはシンプルに。

## コーデのポイント②

上下どちらかをタイトなシル
エットにすると大人っぽい。
黒やむらさきを取り入れる
とギャル度が高まるよ！

Check ★

# 姉ギャルになれちゃう アイテムをチェック！

### ハイネックロンT

1枚でも、重ね着しても使えて着まわし力は高め！

### 総柄ワンピース

リップ柄など、ちょっぴり色っぽいモチーフでキメよう♪

### ダウンジャケット

思いきってハデ色をえらべば、冬でもお目立ち確実！

### ロゴ入りショーパン

英語のロゴ入り＆コンパクトなシルエットが大人っぽ☆

### ヒョウ柄ベレー帽

ダイタンなハデ柄は、まずは小物で取り入れるのがオススメ

### チェーンベルト

メタリックなベルトでコーデに輝きとメリハリをオン！

### 厚底シューズ

存在感があって、スタイルアップ効果もバツグン

### ミニリュック

小ぶりなサイズ感とレザー素材が姉っぽポイント♡

# 姉ギャル ★ 季節コーデ

## 春 Spring

うす手シャツ

ショートパンツ

てろんとした
うす手のシャツのすそを
片側だけインしてこなれ感アップ。

モノトーンでまとめて
辛口ギャルが完成！

## 夏 Summer

タイトトップス

タイトスカート

上下タイトな
ピタ×ピタシルエが姉感強め。
アニマル柄を主役に、
ほかは落ち着いた色で
シンプルにまとめるのが正解♪

姉ギャル

秋●Autumn

セットアップ

厚底
ブーティ

冬●Winter

カラー
ダウン

メタリック
バッグ

上下がそろったセットアップは、
コーデいらずなのに
おしゃれ上級者に
キマるアイテム☆
厚底で足長効果も絶大。

ダウンは肩を落として
ずるっと着るのが
色っぽくてグッド。
キラッと輝くメタリックバッグが
辛口ギャルなアクセントに☆

注目度アップ☆
個性派

# カラフル
# ポップ

とにかくカラフルで
お目立ち度ナンバー1☆
ハデ柄や色を取り入れて、
個性的で明るいイメージに!

## コーデのポイント①

柄の合わせ方のきほんルール(10ページ)は守りつつ、柄×柄ミックスコーデにもせっきょく的に挑戦しちゃおう!

## コーデのポイント②

あざやかなビタミンカラーをバランスよくたくさん取り入れて元気におまとめ。きほん黒は使わなくてOK♪

# カラフルポップ になれちゃう アイテムをチェック！

Check★

### マルチボーダーロンＴ
色がたくさん入っていて1枚で即ポップにキマる！

### キャラパーカー
キャラクターのイラスト入りで遊びゴコロ満点♪

### 柄ブルゾン
大きな星柄など、ダイタンすぎるくらいがちょうどよい！

### チュールスカート
ポップの定番柄、ドットとチュールでハデかわ♡

### 耳つきキャップ
個性派でお目立ちバツグンなアクセントをプラス

### モチーフヘアゴム
ヘアアレンジをさらに元気に印象アップ☆

### カラフルスニーカー
くつひもまで色つきをえらんでハデさをプッシュ！

### クリアバッグ
中身がすけて見えるから、持ち物もカラフルなものだと◎

# カラフルポップ ☆ 季節コーデ

## 春 Spring

ベスト

カラー
ミニスカート

## 夏 Summer

ワッペンＴ

うす色
デニム

スクールガールっぽいベストも、
明るめカラーで一気に
個性派アイテムに。
ミニスカートと合わせて
ガーリーポップに仕上げよう♪

ビタミンカラーの
黄色が主役のコーデ。
デニムはうすい色をえらぶと
コーデ全体が明るくポップに
仕上がるよ。

秋 Autumn

冬 Winter

マルチ
ボーダーT

柄ブルソン

サロペット

トレーナー
ワンピース

甘め配色のボーダー×
やんちゃなショーパンサロペで、
ポップなミックスコーデが完成。
ボリューミーな
足元もポイント！

色も柄もごちゃっと盛って、
これぞ王道の冬ポップ！
ワンピとブルソンの柄の色を
合わせるのが、
コーデをまとめるコツだよ。

# ファッションアイテム★カタログ

服や帽子、くつなどにはいろんな
デザインがあって、それぞれに名前がついているよ☆
まずはそれぞれのアイテムの用語を知っておこう♪

## トップス

上半身に着る服。顔に近い
ぶん、印象を変えられるよ!

## Tシャツ

えりなし&半そでの服。
どんなテイストにも合う
春夏の定番アイテム!

## ロングTシャツ

長そでのTシャツ。
インナーとしても使えて、
着まわし力バツグン。
丈が長いTシャツを
指し示すことも。

## タンクトップ
## キャミソール

肩とえりぐりが
大きくあくのがタンクトップ。

キャミソールは
肩ひもが細いタイプ。

## チュニック

Tシャツ以上、
ワンピース未満の丈で
おしりがちょうどかくれる
長さのトップス。

## ブラウス、シャツ

ブラウスはうすくて
やわらかい素材。
シャツは綿などの
しっかり素材で、
えりつきのものが多いよ。

## トレーナー

動きやすい
やや厚手素材のトップス。
えり、そで口、すそが
ゴムになっているよ。

## パーカー
## ジップパーカー

フードがついているのが
パーカー。それにファスナー
がついて、前があくのが
ジップパーカー。

## カーディガン

はおりとして使える、
前をボタンでとめるトップス。
温度調節に活やく☆

## セーター、ベスト

毛糸であまれた
秋冬の定番トップス。

ベストはそでなしで、
重ね着して使うよ。

トップス

そでやえりには、いろんな
デザインや長さがあるよ☆

## そでの長さ

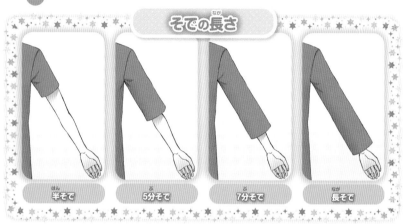

半そで

5分そで

7分そで

長そで

## そでのデザイン

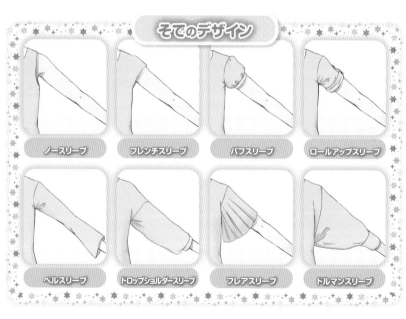

ノースリーブ

フレンチスリーブ

パフスリーブ

ロールアップスリーブ

ベルスリーブ

ドロップショルダースリーブ

フレアスリーブ

ドルマンスリーブ

## えり元のデザイン

- スタンダードカラー
- ラウンドカラー
- ポロカラー
- ボウタイ
- イートンカラー
- オープンカラー
- スタンドカラー
- ノーカラー

## 首元のデザイン

- ラウンドネック
- ボートネック
- Vネック
- スクエアネック
- オフショルダーネック
- フリルネック
- ハイネック
- タートルネック

# ボトムス

下半身に着る服。コーデのシル
エットをキメる重要アイテム☆

### タイトスカート

腰からすそまでカラダに
フィットする形のスカート。

### フレアスカート

すそに向かいふわっと広がる
シルエットのスカート。

### プリーツスカート

山折り谷折りのひだをくり
返し重ねたスカート。

### チュールスカート

細かいあみ目状のチュール
素材でできたスカート。

### ロングスカート

大人なふんいきの、ふくらは
ぎよりも長い丈のスカート。

### キュロット

ゆったりとしたつくりで、スカー
トのように見える半ズボン。

### ショートパンツ

すそ丈の短いパンツ。着まわし
やすい定番ボトムス！

## デニムパンツ

デニム素材のパンツ。カジュ
アルで動きやすいので通学
コーデに大活やく。

## チノパン

綿素材のパンツ。ベー
ジュやカーキが多く、デ
ニムよりややキレイめな
印象。

## カーゴパンツ

ひざ上にポケットがついた、だぼっと
したシルエットのパンツ。

## クロップドパンツ

6〜7分丈のやや短めのパンツ。
同じ短め丈でも、細身のものを
サブリナやカプリというよ。

## パンツの形のちがい

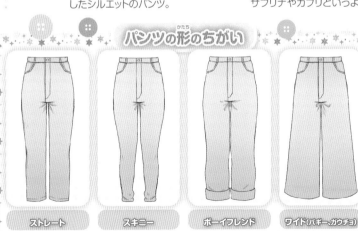

ストレート　　スキニー　　ボーイフレンド　　ワイド(バギー・ガウチョ)

# ワンピース

トップスとスカートがいっしょになった、
女の子らしさ満点のアイテム♪

## Tシャツワンピース

Tシャツタイプのワンピース。
シンプルでいろんなテイスト
に合わせやすい☆

## シャツワンピース

えりのついたワンピース。下まであ
くタイプは、はおりとしても使え
るよ！

## キャミソールワンピース

肩がひもになったキャミ風ワンピース。
Tシャツと重ねて着てもグッド♪

## ティアード
ワンピース

フリルが重なったデザ
インのワンピース。より
女の子らしいふんいき
になるよ。

## ドッキングワンピース

1枚なのに、トップスとスカートを
着ているように見えるワンピース。

## ジャンパースカート

ベストとスカートがいっしょになった、そでのないエプロン型のワンピース。

## サロペットスカート

胸あてのあるつりスカート。インナーしだいでふんいきがガラリと変わるよ。

## パーカーワンピース

フードがついたパーカータイプのワンピース。カジュアルで着心地も◎。

## チュニックワンピース

いっぱん的なワンピースよりやや短め丈。デニムパンツやレギンスと合わせよう！

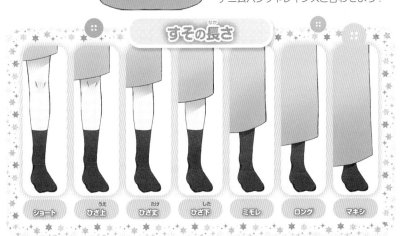

## すその長さ

| ショート | ひざ上 | ひざ丈 | ひざ下 | ミモレ | ロング | マキシ |

# アウター

寒いときや外に出るとき、トップスの上に着る服。機能性も大切！

## スタジャン

スタジアムジャンパーの略語。えり、そで口、すそがリブ素材でスポーティー。

## デニムジャケット

「Gジャン」ともいわれるデニム生地のアウター。うす手なので春秋に活やく！

## フリースジャケット

ふわふわやわらかいフリース素材のアウター。あたたかくて冬にぴったり♪

## ブルゾン

すそがゴムでしぼられたアウター。ナイロン素材&ウエスト丈のものが多い。

## ボアコート

フリースよりも毛足が長いボア素材のもの。丈も長いので、あたたかさはバツグン！

## Pコート

ボタンが2列にならんだアウター。かっちりとした形でマジメな印象になるよ。

## ファーコート

毛皮や毛皮風のフェイクファーを使ったコート。ゴージャスで大人なふんいき。

## キルティングコート

中綿を入れキルティング加工されたコート。ダウンよりうすいけど防寒力は高め♪

## ダウンジャケット

生地のなかに羽毛をつめたアウター。とにかくあたたかくて真冬にオススメ！

## モッズコート

男の子っぽいゆったり大きめのコート。もとは海外の軍用アウターだったよ。

## ダッフルコート

ツノ形ボタンにひもをかけてとめるタイプのアウター。フードつきが多いよ。

# くつ下・タイツ

おしゃれのアクセントにも、寒さ対策にもなるアイテム。種類もいろいろ！

## くつ下の種類

オーバーニーソックス　ニーハイソックス　ハイソックス　クルーソックス　ロークルーソックス　アンクレットソックス　スニーカー（カバー）ソックス

### オーバーニーソックス

ひざ上10センチ以上のロング丈

### ニーハイソックス

ひざがかくれる程度のやや長め丈

### ハイソックス

ひざ下10センチ以内、ふくらはぎくらいの丈

### クルーソックス

ふくらはぎの下あたりの丈

### ロークルーソックス

くるぶしの少し上。もっとも定番の丈

### アンクレットソックス

ちょうど足首あたりのやや短め丈

### スニーカー（カバー）ソックス

足首より下のもっとも短い丈

## タイツの種類

レギンス　　トゥレス　　トレンカ

足首くらいまでのものがレギンス、つま先が出ているものがトゥレス、土ふますに引っかけてはき、つま先とかかとが出ているものがトレンカだよ。

## タイツとストッキング

タイツ　　　ストッキング

いっぱん的に30デニール以上をタイツ、30デニール以下をストッキングというよ。「デニール」は糸の太さを表す単位で、数字が大きいほど生地が厚くなるよ。

# くつ

デザインによって、コーデ全体の印象を左右するよ。さし色アイテムとしても◎。

## スニーカー

ひものついたくつ。足首までのローカットと、足首をおおうハイカットがあるよ。

## パンプス

足の甲の部分が広くあいたくつ。ガーリー系や大人っぽいコーデと相性◎。

## スリッポン

ひもなしタイプのスニーカー。ひもを結ばないから脱ぎはきがしやすい！

## ローファー

ひもなしの革ぐつ。きちんと感が出るから、式典などの場面でも使える！

ブーティー

ブーツ

## サンダル

足先の出ている、夏にはかかせないくつ。ストラップつきは細見え効果もアリ♪

## ブーツ、ブーティー

長ぐつのような、ロング丈のくつ。足首までのものをブーティーというよ。

# 帽子

コーデのおしゃれ度をアップしてくれる
よ♪ テイストに合うものをえらぼう！

## ベレー帽

ツバのない丸い形の帽子。
フェルトならカジュアル、
ファーなら
甘いテイストに♪

## キャップ

スポーティー＆ストリートな
印象にしたいならこれ！
色やデザインも
たくさんあるよ。

## ニット帽

ニット素材の帽子。
冬の定番だけど、
あみ目がつまって
いるものは夏もOK！

## キャスケット

キャップより
ボリュームのある帽子。
清楚＆カジュアルな
ふんいきになるよ。

## バケットハット

バケツを逆さに
したような台形の帽子。
ストリート感強めで
男の子っぽい。

# バッグ

シーンに合ったデザインでコーデをおしゃれに仕上げよう！

## ポシェット

長いストラップつきの小さなバッグ。小ぶりなので持つときは荷物を少なめに♪

## リュックサック

大きめサイズは収納力たっぷり。小さめサイズなら大人っぽい印象になるよ☆

## トートバッグ

荷物がたくさん入る手さげバッグ。布タイプはサブバッグとしても使えて便利！

## ウエストポーチ

ベルトのように腰に巻いてつけるバッグ。小さくてジャマにならず動きやすい。

## ショルダーバッグ

肩にかけて持つことで両手があくから、物の出し入れもラクラク♪

## ボストンバッグ

ころんと丸いタル形バッグ。大きめサイズなら旅行用としても使えるよ。

## ボディバッグ

バッグがカラダにそってピタッと密着するから、アクティブなシーンで大活やく！

# アクセサリー
つければ即おしゃれ上級者。
プチプラなのもうれしい！

ネックレス

チョーカー

## イヤリング

耳にはさんでかざるもの。顔の近くでキラッとかわいさ&はなやかさアピール♪

## ブレスレット

うでにつけるよ。きゃしゃなブレスレットは何個か重ねづけしてもかわいい！

## ネックレス、チョーカー

ネックレスは顔まわりがはなやかになる首元につけるアクセ。そのなかでも、いちばん短いタイプのものをチョーカーというよ。

## 腕時計

手首に巻きつける時計。ブレスレット感覚で、おしゃれアイテムとしても使える☆

## リング

指にはめるよ。細いとさりげなく、大ぶりならコーデのポイントに♪

## ベルト

腰に巻いてボトムスがずり落ちないようにする。サイズ調整はもちろん、コーデにメリハリをつけてくれるよ。

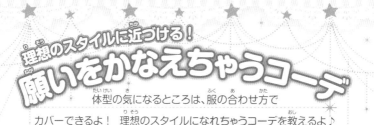

# 理想のスタイルに近づける！
# 願いをかなえちゃうコーデ

体型の気になるところは、服の合わせ方で
カバーできるよ！ 理想のスタイルになれちゃうコーデを教えるよ♪

## 足長に見せたい！

ウエストの位置を目立たなく
するジャンスカは、足を長く見
せてくれるよ。厚底スニー
カーでさりげなく美きゃくっぷ
りを盛れば完ペキ☆

### ジャンパースカート

前にファスナーがついた
デザインなら、たて長のシ
ルエットを強調できるよ。

### NG

ショート丈トップス×スキニー
ボトムスは、足の長さや形が
ハッキリ出てしまうので注意！

### コンパクトトップス

カラダにフィットする
ぴったりサイズの
トップスで、上半身を
すっきり見せよう！

### 厚底スニーカー

底全体に厚みがある
ので背が高く見える
厚底シューズ。スニー
カータイプならよりア
クティブな印象♪

レッスン 1 ファッションのきほん

63

そでにボリュームがあると、腕が細く
見える！ 台形ミニと合わせれば、X
ラインでメリハリのあるスタイルに
なれるよ♪

## かわいく きゃしゃに 見せたい！

### 濃いめカラー

濃い色は、りんかくがクッ
キリ見えてきゃしゃさを
強調してくれるよ。

### ボリューム そでトップス

長そでの季節には、そでが
風船のようにふくらんだ
「バルーンスリーブ」も二
の腕の細見え効果アリ☆

### 台形 ミニスカート

パンツならワイドパンツ
など、すそに向かって広
がるデザインのアイテム
がオススメ！

### NG

ボーダー柄は横はばを強調
して大きく見えがちなので、
えらぶなら線の細いものを。

ほっそり
スレンダーに
なりたい！

ショーパンの足出し&ロングアウターで太ももをかくすテクですっきり細見え。ショルダーバッグは肩かけでＩラインを強調しよう！

ロング
カーディガン

カーディガンはボトムスよりも長い丈をえらぶのがポイント。肌見せ面積を少なくして上品さもゲット♡

ショルダー
バッグ

大人っぽいロングカーディガンに合わせて、バッグもきちんと感のあるレザー系をセレクトしてみて♪

ショート
パンツ

太ももとの間にすき間ができるくらいの余裕あるシルエットのショートパンツで、ほっそり見せよう！

ＮＧ
体型を気にしてダボダボの服を着るのは逆効果。気になるところこそ見せるべし！

ふんわり
スタイルに
なりたい！

ふんわり感はピュアな白ワンピにおま
かせ。メリハリをつけるウエストベル
トや、あみ上げタイプのパンプスで女
の子らしさがアップ♡

白ワンピース

レースやコットンなど、ふ
んわりとしたかわいらしさ
を演出できる素材をえらぶ
と、さらに女子っぽ♡

ウエスト
ベルト

太めのベルトでウエストを
きゅっとしめて。色は黒を
さけて、ブラウンやネイ
ビーで甘いふんいきに。

NG

肩や首まわりが見えすぎる服
や、カラダのラインが出るタ
イトな服はさけよう！

パンプス

ベルトがあみ上げられた
デザインのパンプスは、足
首のきゃしゃさを引き立
てガーリー度満点！

シュッと
引きしまった
細い足に！

チュールのすけ感で足を軽やかに
カバーしよう。目立つ色で上半身に
ポイントを置いて、目線を上に向ける
のもカギ♪

ショート丈
トップス

インナーはボトムスにイ
ンして、アウターも短め
丈でコンパクトに！ ハ
デ色で存在感を出して、
上半身を目立たせよう！

チュール
スカート

足はただかくすよりも
すけ感で太さをあいま
いにすると◎。カラー
は黒で引きしめて♪

ストラップつき
パンプス

ストラップがあるこ
とで足首にメリハリ
が出てきゅっと細く
見えるよ！

NG
柄の入ったボトムスは、下半
身を強調して足のラインを太
く見せてしまうよ。

# シーン&イベント別コーデ

## 体育がある日

ポイントはスムーズに着がえられる服！ジップパーカーやスカートは、着たまま体操服の脱ぎ着ができてラクちん。

**ゆったり大きめ
ジップパーカー**

ゆったりシルエットだから、ジップパーカーのなかで体操服が着られるよ。着がえたらファスナーをあけるだけ♪

**スカート**

スカートならはいたまま体操服を着られるから、スムーズに着がえが完了！

**スニーカー**

スポテイストなコーデに合わせて、足元もスニーカーで元気に。テイストをまとめておしゃれ度アップ♡

場所や目的に合わせた服えらびも、おしゃれさんに近づく大切なポイント。
さまざまなシーンやイベントに合わせた、とっておきのコーデをご紹介♪

## カラーは白かうすい色

水や汗が目立ちにくい白かうすい色の服がオススメ。ぬれると色が変わって目立つグレーなどはさけるのがベター。

## かわきやすい素材

プールのあとは髪もぬれているから、さらっとした着心地の素材をえらぶと快適にすごせるよ♪

## プールがある日

頭からかぶれるワンピは着がえやすさ◎。素材や色にもこだわって、かわいさキープをねらおう♡

## ワンピース

ファスナーがあるものは着がえにくいから、頭からかぶれるゴムタイプなどのワンピがオススメ！

レッスン **1** ファッションのきほん

69

## 図工や
## 書道がある日

黒トップスなら、絵の具や墨
でヨゴレても目立ちにくい！
トップスがシンプルなぶん、
ボトムスでおしゃ見せ♪

### カラーは
### 濃い色

上下とも黒や紺などの
濃い色がベスト。さらに
ニットはヨゴレが染みこ
んで落ちにくいから、綿
素材がオススメ。

### シンプル
### トップス

ボリュームのあるそでだと、作品
に当たったり道具をたおしてし
まうかも。形はシンプルに☆

### デザイン性のある
### ボトムス

レースアップでおしゃれをア
ピール！　ストレッチ素材の動
きやすいものをえらぶと、さ
らにグッド◎。

# 雨の日

視界の悪い雨の日でも目立つ、明るめカラーがオススメ。くつ下の色でレインシューズだっておしゃれに☆

## リュック

雨の日はカサを持つから、リュックやショルダーバッグなどの両手があくアイテムがベスト♪

## ナイロン素材のアウター

水をはじくナイロン素材なら、雨の日だって気にせずお出かけできる。

## 明るい色

明るめカラーでまとめれば、車からも見えやすく、登下校のときも安心。気分だって晴れやかに☆

## カラフルくつ下

ショート丈のレインシューズからソックスをのぞかせれば、ブーツ感覚でおしゃれを楽しめるよ♪

71

## 雪の日

前を閉じてもかわいいアウターでおしゃれ&寒さ対策はばっちり。すべりにくいくつをはくことも忘れずに☆

### 耳あて

もふもふの耳あては、寒さ対策はもちろん小顔効果もアリ。顔まわりをぐっとはなやかにかわいく♡

### ダッフルコート

ボタンがならんだPコートなど、前を閉めて着てもかわいいアウターがオススメ。

### スキニーデニム

足にフィットして風を通しにくいスキニーデニムは、寒い日に大活やく！

# マフラー アレンジ

## ワンループ

二つ折りにしたマフラーの輪に、もう片方のマフラーの先を通す定番アレンジ。とってもカンタンなきほんの巻き方だよ。

## リボン巻き

長めのマフラーで、大きなリボンの形にアレンジした巻き方。存在感たっぷりで、ガーリーコーデと相性◎！

## 片ちょう結び

片方だけをちょう結びにした巻き方。きゅっとコンパクトなので、柄つきマフラーのアレンジにぴったり♪

## 遠足

遠足はとにかく動きやすさ重視。人や自然の多い場所に行くから、目立つ明るめカラーをコーデに取り入れて☆

### 帽子

長時間外にいる遠足では、日ざし対策ができる帽子がマスト。キャップやハットなど、つばありをえらぼう。

### トレーナー

トレーナーは形がシンプルなぶん、イラストやロゴなど、プリントで個性をアピールしよう!

### デニムパンツ

太めのストレートデニムなら動きやすさ◎。濃い色なら大人っぽ、うすい色ならポップにまとまるよ!

### スニーカー

歩きやすさ重視で、足元はスニーカーがグッド。さし色アイテムをここで取り入れるのもアリ☆

# 社会見学

キレイめコーデでまとめよ
う。室内は空調が寒いことも
あるから、はおれるものを持っ
ておくと便利！

## カーディガン

さっと着られて脱いだとき
にもジャマにならない、うす
手のカーディガンは1枚持っ
ておいて損なし！

## キュロット

スカートのように見えて、
実はパンツ。きちんと感と
動きやすさを両立してくれ
る優秀アイテムだよ。

## スリッポン

ベージュなどの落ち着いた
カラーがオススメ。脱ぎはき
もしやすいよ！

# 式典

えりつき&タイつきデザインの
ワンピはきちんと感があって
好印象。カジュアルすぎない服
えらびをココロがけよう♪

**えりつき
ワンピース**

ひかえめだけど地味じゃな
いデザインをチョイス。ブラ
ウス×チェックスカートなど
のキレイめコーデも◎。

**ハイソックス**

黒や紺などのシンプルな無
地をえらぼう。柄の場合も
ワンポイント程度にとどめ
て、お上品に。

**ローファー**

コーデを品よく仕上げる
レザーのローファー。スニー
カーの場合も色は黒かブラ
ウンがオススメ！

# 発表会・お呼ばれ

お呼ばれのときは、主役を引
き立てるハデすぎないコーデ
にしよう。色はバッグなどでさ
りげなく取り入れて☆

## ブラウス

うす手でやわらかな素材が
女の子らしく、リボンタイも
はなやかな印象をプラスし
てくれるよ♪

## ショルダー
バッグ

コーデのポイントとなる
さし色をバッグでプラ
ス。レザーのかっちりし
たデザインをえらんで。

## シフォン
スカート

清楚なふんいきを、ふわっと
軽いシフォンスカートで演
出。ひざ下くらいの長め丈が
上品でグッド。

# 遊園地

ワクワク感をポップコーデで
表現。手があくバッグや、日ざ
し対策の帽子でかわいさと機
能性どちらもゲット！

## キャスケット

ころんと丸いシルエットが
ガーリー＆ポップ。外でおも
いきりはしゃげるよう、紫外
線対策も万全に☆

## ウエスト
ポーチ

両手があくから動きやす
い！　つねに身につけてい
るから置き忘れてしまう
心配もなく安心。

## ポップ柄
スカパン

キャラアイテムやポップな
アイテムも、にぎやかな
遊園地のなかならなんなく
着こなせちゃう！

**キャップ**

スポーツ観戦らしい、スポの定番アイテムを投入。バケットハットやニット帽もオススメだよ。

**ブルゾン**

軽くて脱ぎ着がしやすいナイロン素材をえらぶとグッド。色はハデめでポップなスポに仕上げて☆

**チェックスカパン**

内側にパンツがついたスカパンタイプなら動きやすさバツグンで、めいっぱい応援して盛り上がれる！

# スポーツ観戦

会場内は暑いことも多いから脱ぎ着できるはおりがマスト。
チェックボトムスでチアガール風コーデに♪

# お祭り

いつもとちがう浴衣スタイル
で、お祭り気分を盛り上げよ
う♪ 髪型はえり元がすっき
り見えるアップヘアがグッド！

## アップヘア

おくれ毛をたっぷり出した
アップヘアが今っぽ。ボリュー
ムのあるヘアアクセなどでは
なやかさをプラスして♡

## 浴衣

服では取り入れにくい柄や
色合わせを楽しめるのも
浴衣ならでは。かわいい帯
や帯止めもポイントに♪

## 巾着

小ぶりな巾着は浴衣と相
性バツグン。荷物が入ら
ない！というときは、カゴ
バッグもオススメ。

レッスン **2**

# 定番アイテム 着まわしレッスン

定番の服っていつも同じような組み合わせを

着まわしがちで、なんとなくマンネリ…。

でも、上手にコーディネートすれば、

理想のテイストにアレンジできちゃう！

**アイテム①**

## 白シャツ

**ゆるふわ ガーリー**

**ワンポイントテク**

マジメなイメージの白シャツは、えり元にボウタイをプラスして甘口にアレンジ♡

### 小ぶりのバッグ

ちょっぴり遊びゴコロのある、ハート形などがモチーフのバッグは、ガーリーコーデのアクセント♪

### チェックジャンスカ

チェックはガーリーの代表的な柄。面積の大きなジャンスカなら、一気に女の子っぽさアップ！

### パンプス

ツヤ感素材のパンプスに、短め丈くつ下はテッパンガーリーな組み合わせ。色はピュアな白が正解！

82

# こなれ
# カジュアル

**ベレー帽**

着こなしがシンプル
なぶん、帽子などの小
物で柄アイテムを取
り入れると一気にお
しゃ見え♪

**ワンポイントテク**

シャツのそでをまくる
とこなれ感アップ＆
きゃしゃ見え。ブレス
レットなどをプラスす
るのもアリ♪

**ワイドデニム**

白シャツ×デニムは
相性バツグン！ ちょっ
と太めのワイドパンツ
に、シャツはインして
すっきり着よう。

**スニーカー**

足元に色のアクセントを
プラス！ コーデのさし色
になる赤スニーカーは1
足持っておくと便利！

アイテム①

白シャツ

きれいめ
清楚

**きゃしゃアクセ**

清楚コーデにアクセサリーをプラスするなら、きゃしゃなアクセが正解！ レディなふんいきになるよ。

**ワンポイントテク**

肌寒いときには、ネイビーなどの落ち着いた色のカーディガンを肩にかけると上品さがアップするよ♪

**長め丈スカート**

カーキなどの「アースカラー」は清楚コーデの定番。ウエストリボンでコーデがちょっぴりはなやかに。

**ショルダーバッグ**

レザーのバッグを持つと、ぐっと大人っぽいイメージに。持ち方はななめがけより肩かけがグッド！

84

元気
スポーティー

**ワンポイントテク**

きっちり感のある白
シャツは、肩を落とし
気味にくずして着ると
スポコーデにもばっち
りハマるよ☆

**ショルダーバッグ**

スポコーデには、ナイロ
ン素材のバッグが相性
バツグン。ピンク×黒の
配色も甘辛でおしゃれ
度高め。

**Tシャツワンピ**

スポ感たっぷりで、何に
でも合わせやすいTシャ
ツワンピ☆　白シャツと
も、お似合い♡

**ダッドスニーカー**

ぽってりとした丸みのあ
るスニーカーを「ダッドス
ニーカー」というよ。こな
れたスポ感が出せる!

白シャツ

やんちゃ
ストリート

**キャップ**

かっこいい系のストリート
コーデは、暗い色が多くなり
がち。そんなときはキャップ
などの小物で明る
い色をたそう☆

**ワンポイントテク**

ゆるっとしたボトムスでこな
れ感のある大人ストリート
に。辛口にまとめるなら色は
少なめでOK☆

**サスペンダーつきパンツ**

サスペンダーは男の子っぽ
さが出せるアイテム。太めの
デニムパンツと合わせてや
んちゃに着よう！

**レースアップシューズ**

黒のレザーがかっこいいふ
んいきで、足元に存在感が
出るよ！

## 甘辛クール
(あま から)

### ハット

つばが広めのハット
はクールなふんいき。
顔が見えるように少
し浅めにかぶるとお
しゃれ！

### ワンポイントテク

大人っぽくシンプルな
クールコーデは、シル
バーアクセやチェーン
バッグではなやかさ
をプラス♪

### スキニーデニム

足にぴったりフィットする
細身のデニムは、白シャ
ツと相性◎。キレイめ
コーデに仕上がるよ。

### パンプス

シンプルなコーデに、
黄色のアクセントを。
先のとがったデザイン
がレディっぽ！

87

白シャツ

姉ギャル

**ミニスカート**
ギャルといえばミニ
スカート！ レザー素
材をえらべば、まわり
と差のつくかっこい
い辛口ギャルに♪

**ハイネック**
派手カラーのハイネックを
重ねてチラ見せ。いい子な
白シャツが一気にギャルっ
ぽくチェンジ☆

**ワンポイントテク**
大人ギャルでキメたい！
というときは、シル
バーのイヤリングや
ネックレスをつけると
グッド♡

**厚底シューズ**
つま先まで厚みがある
厚底シューズ。くつ下を
同系色で合わせると、さら
に足長効果バツグン！

# カラフルポップ

**＼ワンポイントテク／**

ヘアアクセにカラフルなピンやポンポンゴムをたっぷりプラスして、ポップ感（かん）をさらに増量（ぞうりょう）しよう！

**ベスト**

お目立（めだ）ち確実（かくじつ）なハデカラーのベストを重（かさ）ねて着（き）れば、ポップなスクールガール風（ふう）コーデが完成（かんせい）☆

**チェックミニスカート**

チェック柄（がら）のミニスカートはベストと相性（あいしょう）ばっちり。アイドルみたいにかわいくキメちゃお♡

**リュック**

コーデのどこかと色（いろ）を合（あ）わせれば、ダイタンな柄（がら）アイテムでもまとまり感（かん）が出（で）ておしゃれ度（ど）高（たか）めに！

89

チェック柄シャツ

ゆるふわ
ガーリー

### ベレー帽

フェルト素材のベレー帽もガーリーの定番。リボンのワンポイントも甘口なトッピングになるよ♪

### カーディガン

カーディガンをはおってキュートに。チェックと近い色を合わせるとガーリーさ倍増♡

### ティアードスカート

フリルがたっぷり重なったスカートは、黒なら甘すぎなくてチェックシャツとも相性ばっちり。

### ワンポイントテク

カジュアルなシャツには、甘色カーディガンやフリルで女の子らしさを全身に散りばめよう♡

こなれ
カジュアル

**ハット**

布素材のハットは
カジュアルコーデに
お似合い。アクティブ
で元気な印象にして
くれるよ。

**ワンポイントテク**

スリムなシルエットの
デニムをえらんで、I
ラインを強調すると
細見え。黒スキニーで
もグッド♪

**デニム**

デニムはロールアップ
にすると足首がほっそ
り見えてスタイルアッ
プ効果も！

**パンプス**

スニーカーだと、ふつうっ
ぽすぎる…というときに
は、パンプスでこなれ感
をアピール☆

## チェック柄シャツ

きれいめ清楚（せいそ）

### キャスケット

帽子（ぼうし）とくつの色（いろ）を合（あ）わせると、まとまり感が出て上品。似（に）た色（いろ）でコーデをサンドするイメージ！

### 長（なが）め丈（たけ）スカート

デニム素材（そざい）をえらぶと親（した）しみやすい清楚（せいそ）カジュアルに。前（まえ）ボタンデザインはⅠラインが強調（きょうちょう）されてスタイルアップ（こうか）効果も◎。

### ワンポイントテク

チェックシャツを清楚（せいそ）に着（き）るなら、シャツのボタンは上（うえ）までとめよう。コーデにきちんと感（かん）が出（で）るよ。

### ショルダーバッグ

小（こ）ぶりなショルダーバッグは女（おんな）の子（こ）らしいふんいきに。明（あか）るめカラーがコーデのポイント♪

元気 スポーティー

**リュック**
大きめの布リュックは
アウトドアでも活やく
するスポの定番アイ
テム。荷物が多い日に
もぴったり。

**ワンポイントテク**
ベルトやイヤリングに、
ロゴ入りアイテムを
プラスするとスポ感
アップ。色は黒でまと
めよう。

**カラーミニ**
シャツをインしてシルエッ
トをコンパクトに仕上げ
れば、ハデ色コーデもご
ちゃつかずまとまる☆

**スニーカーブーツ**
色が多めのコーデは、
足元をシンプルな黒
にしてしめるのがお
しゃれのルール。

アイテム②

チェック柄
シャツ

やんちゃ
ストリート

## ニット帽

ニット帽をかぶるときは前髪を出すと女の子っぽいふんいきが出てストリートコーデとのバランス◎。

## ゆるトレーナー

男の子の服を着ているみたいな、大きめサイズのトレーナーをゆるっと着るのがストリートっぽ！

## ワンポイントテク

チェックシャツは着るだけじゃなく、腰に巻くアレンジも可能！ こなれ感あるおしゃれが完成！

## ダメージデニム

やぶれたような穴があいたデザインのデニム。はくだけでやんちゃっぽさがアピールできちゃう。

94

# 甘辛クール

## レザージャケット

チェックシャツを辛口に仕上げるなら、レザー素材をチョイス。色はもちろん黒！

## シルバーアクセサリー

辛口コーデの仕上げは、キラリと光るアクセサリー。とことんかっこよく特別感を演出しよう♪

## レースアップミニスカート

ひもであみ上げたデザインのスカート。色っぽくて大人なミリョクをぐっと引き立ててくれるよ♪

### ━ ワンポイントテク ━

パンプスやアクセにハートモチーフをプラスして、クールなコーデに遊びゴコロあるアクセントを♡

アイテム②
チェック柄シャツ

姉ギャル

**ワンポイントテク**
おでこを出したラフなヘアアレンジが、大人なギャルコーデと好相性！

**ネックレス**
ボタンをあけたシャツの首元からネックレスをのぞかせて、キラキラとはなやかなアクセント。

**デニムショーパン**
ピタッとコンパクトなシルエットがギャルっぽ！シャツイン＆ガチャベルトでメリハリをプラス。

**クラッチバッグ**
肩ひものついていない小型のバッグ。小さいのでハデ色も取り入れやすくてコーデのポイントに◎。

96

# カラフル ポップ

ポップといえば、星モチーフ☆ イヤリングでさりげなく取り入れてキラッとおしゃれ度アップ。

**カラーゴム**

いろんな色のゴムで髪をまとめた「ぼこぼこポニー」で個性的なかわいさをアピールしちゃおう♪

**ジャンパースカート**

ビタミンカラーのジャンスカは着るだけで即ポップになれちゃうアイテム。インナーもハデめで☆

**ルーズソックス**

90年代にはやったくしゃくしゃにしてはくボリューミーなくつ下で、足元をレトロポップにおまとめ!

**カラースニーカー**

ポップコーデは足元まで色を盛ってもOK。ボリュームのあるくつ下を合わせて存在感アップ!

97

アイテム③

## カーディガン

# ゆるふわ
# ガーリー

### ハイネックロンT

ハイネックをカーディ
ガンの下からちら見
せ。ピュアなかわいさ
をアピるならカラーは
白がマスト。

### ワンポイントテク

全身を白×ベージュ×
ブラウンのカフェラテ
カラーでまとめるの
が、大人ガーリーでト
レンディ♪

### 台形ミニ

カーディガンと同系色
をえらんでコーデのま
とまり感アップ。ポケッ
トのリボンも女の子っ
ぽさ満点♡

### ブーティー

スカートとリンクしたリボ
ンモチーフでガーリー指
数が上昇♡ 濃いブラウ
ンでコーデをしめよう。

# こなれ
# カジュアル

**キャスケット**

細いストライプの「ヒッコリー」は、カジュアルの定番柄。ゆるふわなヘアアレを合わせてラフに♪

**ワンポイントテク**

帽子をかぶるときはなるべく浅めに、顔がしっかり見えるようにかぶると、カジュアルでおしゃれ☆

**デニムサロペット**

リラックス感のあるサロペットは、インナーをシンプルにすると、こなれ感たっぷりに仕上がるよ！

**フラットシューズ**

先が丸いフラットシューズで女の子っぽさをプラス。足首が少し出るのできゃしゃ見え効果もアリ。

アイテム ③
## カーディガン

きれいめ
清楚
(せいそ)

### カチューシャ
コーデの色味(いろみ)が落(お)ち着(つ)いているぶん、おでこ出(だ)し&カチューシャで顔(かお)まわりをパッとはなやかに♪

### 小花柄(こばながら)ワンピース
花柄(はながら)はお花(はな)が大(おお)きいほどハデでギャルっぽく、小(ちい)さいほど上品(じょうひん)でガーリー&清楚(せいそ)な印象(いんしょう)になるよ♡

### ワンポイントテク
色味(いろみ)をおさえたコーデがいい子(こ)なふんいき。足元(あしもと)をスニーカーに変(か)えたはずしコーデもかわいくてアリ！

### パンプス
深(ふか)みどりはコーデが大人(おとな)に仕上(しあ)がるカラー。ベルトと色(いろ)を合(あ)わせてまとまり感(かん)を出(だ)して。

元気
スポーティー

## ニット帽
ワンピを主役に、ポンポンのついていないシンプルデザイン&カラーのニット帽をチョイス。

## ワンポイントテク
ピンクとベージュが甘めカラーだから、小物はシンプルなものをえらぶと、バランスのいいスポ感☆

## パーカーワンピ
1枚でアクティブにキマるスポ感満点のアイテム。明るめカラーでポップスポに仕上げちゃお☆

## ショルダーバッグ
ニット帽と色を合わせて、コーデにまとまり感を。小ぶりなナイロン素材がスポっぽくてオススメ。

## カーディガン

## やんちゃ
## ストリート

**ワンポイントテク**

かわいい印象のカーディガンは、だぼっとしたボトムスやメンズっぽい柄でバランスをとって♪

**ロゴロンT**

大きめのロゴが入ったロンTでコーデにスパイスをプラス。色はブルーなどのクール系をえらぼう。

**リュック**

落ち着いた色でまとめた大人ストリートコーデに、メタリックのリュックでお目立ちポイントをプラス！

**スリッポン**

ラフにはけるスリッポン。白と黒の「フラッグチェック」なら、やんちゃなふんいきをよりいっそうプッシュ！

**カーゴパンツ**

コンパクトなトップスに、太めシルエットを合わせたピタゆるシルエットがストリートっぽい☆

甘辛クール

### レーストップス

前をしめたカーディガンからすけ感あるレーストップスをのぞかせて、色っぽクールなふんいきに。

### ミニバッグ

小ぶりなハンドバッグをちょこんと持つと、こなれ感たっぷりでコーデが一気に大人見え♪

### ワンポイントテク

カーデのボタンを上までとめてトップスにアレンジ。胸元があきすぎるときは、すけ防止のためにインナーを着よう。

### ラップスカート

巻きスカートのこと。タイトなシルエットのミニスカートで、ダイタンに足見せしちゃおう！

103

アイテム③
カーディガン

姉ギャル

### チョーカー
首にぴったりつく布や革の短いネックレス。黒をえらべばコーデをしめて辛口ギャルに仕上がるよ！

### ワンポイントテク
インパクトある総柄ワンピースを主役に、小物は黒でおまとめ。ヘアもダウンで大人っぽく☆

### 総柄ワンピース
大きな柄が全体にプリントされたワンピースは、ハデなのに姉感も出せるギャルっぽアイテム。

### ニーハイブーツ
ひざ上までの丈の長いブーツのこと。足をすらりと長く見せてくれて、スタイルアップ効果◎。

# カラフル ポップ

## キャップ

インパクトがある耳つき
キャップ。カーディガンに
合わせてキュートさを増量
しよっ♡

## マルチボーダーロンT

マルチボーダーは、3色以
上が使われているボー
ダー。1枚でカラフルポップ
なコーデがキマる！

## ショーパン

色をたっぷり使ってい
るから、ショーパンに重
ねたレギンスの黒で
コーデをしめるのが◎。

## ワンポイントテク

レギンスをカラーソッ
クスに変えるとさらに
ポップ。ボーダーの色
のどれかを使うと、ま
とまるよ！

105

アイテム④

トレーナー

CUTEGirls
Calm Sunday

ゆるふわ
ガーリー

## レースハイネック

ハイネックを重ねてえり元にフリルをちらり。カジュアルなトレーナーを甘かわにアレンジ♡

## ミニスカート

ふわっと広がるボリューミーなスカートで、とことん甘口仕上げ。ウエストリボンもよきポイント。

## ミニバッグ

小ぶりなショルダーバッグをななめがけ。ふわふわのファーつきで、女の子っぽなアクセントに。

## ワンポイントテク

足元の白スニーカー&白ソックスが、さわやかポイント。きちんと感もあって大人ウケも◎。

# こなれ カジュアル

## チェックシャツ

トレーナーのえり元（もと）から チェックシャツをちら見（み）せ させる重（かさ）ねテク。いい子（こ）な ふんいきがかわいい♪

## ワンポイントテク

ふつうのデニムミニ じゃなく、前（まえ）にボタン のついたひとクセデザ インでおしゃれ＆スタ イルアップ！

## デニムミニ

ゆるっとしたトレーナ ーにコンパクトなボ トムスを合（あ）わせれば 細（ほそ）見（み）え効（こう）果（か）も期（き）待（たい）で きちゃう！

## ハイソックス

ソックスですらっとＩ ライ ンを強（きょう）調（ちょう）。アーガイル柄（がら） がトップスのチェックと さりげなくリンク♪

107

## トレーナー

CUTEGirls
Calm Sunday

### きれいめ清楚

**ベレー帽**

少しカジュアルなデザインをえらぼう。ニットならほっこりかわいい♡

**ワンポイントテク**

チェック柄やローファーを取り入れると、スクールガール風コーデがキマる！

**パールアクセサリー**

清楚コーデにプラスするなら、主張しすぎない小ぶりなパールアクセをえらぶのが正解♡

**チェックスカート**

チェック柄のひざ丈スカートで上品レディなふんいき。トップスはインしてコンパクトに着こなそう♪

**ローファー**

きちんと感の出るローファーで、優等生な足元が完成。ソックスは短めのクルー丈が◎。

元気スポーティー

**バケットハット**

つばが短めのバケットハットは、スポの定番。キャップよりも大人っぽいふんいきが出せるよ。

**ワンポイントテク**

ゆるシルエットのトレーナーに、タイトスカートを合わせたゆるピタシルエで大人スポに仕上げ♡

**ラインミニスカート**

サイドにラインが入ったアイテムは、カンタンにスポコーデを作れちゃうから1着持っていると便利。

**ラインソックス**

くつ下にもラインをプラスして、スポ感アップ。スニーカーとくつ下の色を合わせるとさわやか！

CUTEGirl
Calm Sunday

## アイテム④
## トレーナー

CUTEGirls
Calm Sunday

# やんちゃ
# ストリート

### ワンポイントテク

トレーナー×デニム
のシンプルコーデ
は、ハデ色やひとク
セある柄に挑戦して
脱ふつうっぽ！

### ケミカルデニム

ムラのある染め加工がさ
れたデニム。ハードな印象
になるよ。形は太めのスト
レートで男の子っぽ。

### サコッシュ

布製で軽いうす型の
ショルダーバッグ。小ぶ
りなのでハデ色でも
ちょうどいいアクセント
になるよ。

### スニーカー

トレーナーとくつの色を合
わせてコーデをシンプル
にまとめて、ほかのアイテ
ムを引き立てよう☆

甘辛クール

**ガチャベルト**
トレーナーの上からベルトを巻いて、シルエットにメリハリをプラス。細見え効果はバツグン！

**スキニーデニム**
細身のスキニーデニムでＩラインシルエットが完成。カラーは白をえらんで大人モノトーンに。

**ショルダーバッグ**
モノトーンコーデのさし色になるカラーバッグを投入。黒×ピンクで甘辛ミックスにキメて♡

**ワンポイントテク**
パンツをロールアップして足首を少し見せることで、抜け感プラス。さらにきゃしゃ見えするよ。

アイテム④

トレーナー

**姉ギャル**

**ハイネックインナー**

トレーナーの下にハデ色
のハイネックを重ねれ
ば、強めギャルに！

━ ワンポイントテク ━

ヘアスタイルは、おで
こ出しでギャルコーデ
とバランスをとろう。

**ハイウエストデニム**

ウエスト位置が高めのデ
ニムで、スタイルアップ
効果◎。トップスはイン
するのが、お約束♪

**カラースニーカー**

インナーとスニーカー
の色をさりげなくリンク
させれば、カラフルでも
大人っぽさをなんなく
キープ♡

# カラフル ポップ

## ブレンジ

トレーナーがシンプルだから、明るい色×柄のアウターでとことんポップにキメて☆

## ワンポイントテク

黒のトレーナーがカラフルコーデの引き立て役♪ 引きしめる色をどこかに入れるのがおしゃ見えのコツ。

## デニムショーパン

定番のデニムショーパンは、ワッペンがついた遊びゴコロあるデザインをえらぶのがオススメ。

## カラフルスニーカー

コーデに使われている色の入ったスニーカーなら、うるさくならないのにポップ&カラフル♪

## ワンピース

## ゆるふわ ガーリー

### ワンポイントテク

ゆらゆらゆれるイヤ
リングをつけると、顔
まわりがはなやかに。
特別感あるコーデに
仕上がるよ。

### ベレー帽

小花柄ワンピは1枚
で着てもガーリーだけ
ど、ベレー帽でさらに
甘さをちょいたし♪

### ショルダーバッグ

フリルのついた小ぶりな
バッグは、かわいさ満点。
肩かけよりもななめがけ
のほうがガーリー。

### フリルソックス

ワンピの着こなしがシンプ
ルなぶん、くつ下まで甘い
アイテムをえらぶくらいの
ほうがバランスがグッド♡

# こなれ
# カジュアル

## ワンポイントテク

キレイめ優等生な着こなしに合わせて、ヘアも前髪をきっちりとめたポニーテールでマジメっぽ☆

## ショルダーバッグ

持ち手の色の切りかえがかわいい布のショルダーバッグ。ななめがけでアクティブ感を出してこ♪

## ローファー

スニーカーではなく、ローファーでいい子コーデに仕上げ。カラーはブラウンでマイルドに。

## デニムパンツ

ワンピースの下にデニムをはいた重ねテク。すそをロールアップで肌見せすれば、ぬけ感もばっちり。

# ワンピース

## きれいめ清楚

### ワンポイントテク
ワンピースの前を全部あけてガウンとして活用！　さらっとはおってコーデを上品にアップデート♪

### ニット
明るいキレイ色で、ニットでも重苦しさゼロ。やわらかな女の子らしい印象をアップしてくれるよ♡

### ワイドパンツ
ゆるっと広がる太めのワイドパンツは、パンツのなかでも女の子らしいふんいきを出せるアイテム。

### パンプス
ベルトがクロスしたデザインはかわいいだけじゃなく、足の甲をささえるから歩きやすさもばっちり。

元気スポーティー

**ワンポイントテク**

ツインテールなどの
アップヘアで、スポ
コーデに負けない元
気さをゲット☆

**トレーナー**

Vラインデザインが今ど
きスポなふんいき。モノ
トーン配色で、甘いワン
ピをスポーティーに着こ
なす！

**レギンス**

ワンピの下にレギンスを
重ねて、辛口コーデ仕上
げに。＆動きやすさもス
ポーティーなポイント。

**スニーカー**

足元は真っ白スニーカー
で軽やか＆さわやか仕上
げに。ボリューミーなデザ
インで存在感を♪

Bee girl

## ワンピース

## やんちゃ ストリート

### ワンポイントテク

ストリートっぽさを出すには、黒アイテム多めでかっこよさをたしていこう。

### ブルゾン

ナイロン素材のブルゾンは軽くはおれるスポ＆ストリートなアイテム。バイカラーがおしゃれポイント！

### ウエストポーチ

布のウエストポーチで辛口仕上げ。黒多めのコーデでも、それぞれ素材がちがうと重くならないよ。

### サロペット

ワンピをインナーとして活用。花柄の面積を少なくしてストリート感を強める作戦♪

甘辛クール

ワンポイントテク
ワンピースとカーディガンの色を合わせて、全身の色味をそろえる「ワントーンコーデ」が大人っぽ♪

ロングカーディガン
ワンピースと同じくらいの長さのカーディガンを合わせて、すとんとしたシルエットがクール。

ミニバッグ
小ぶりのバッグを肩にかけて持つと、こなれ感たっぷり。色はワンピに近い色をえらんで。

パンプス
足首までひもをあみ上げたような、「レースアップパンプス」。さりげなく辛口なアクセントに。

**アイテム⑤**

**ワンピース**

**姉ギャル**

## ハイネックT

えり元を広めにあけて、なかからハイネックをちら見せ。さし色を入れてアクセントに。

## ワンポイントテク

重ね着にベルトと、アレンジをきかせた着こなしだから、ヘアはストレートでシンプルに。

## チェーンベルト

ベルトでウエストをしめて♪ ウエストの上で少したるみをもたせてワンピ丈を短くギャルっぽアレンジ！

## ロングブーツ

かっこいい印象のあみ上げのロングブーツがガーリーな小花柄のスパイスに☆

120

# カラフル<br>ポップ

**ワンポイントテク**

ワンピをスカートにインしてトップスとして活用すると、アレンジが広がるよ。

**プラスチックポーチ**

柄を盛ったハデコーデには、ポップだけどうるさくない、ビニール素材がぴったり。

**チュールスカート**

ふわっと広がる存在感バツグンのチュールスカート。大きなドット柄もポップテイストの定番！

**スニーカー**

柄×柄コーデの足元にも色を投入。黄色のハイカットスニーカーで、とことん明るく☆

## デニム
## ショートパンツ

ゆるふわ
ガーリー

**ワンポイントテク**

ヘアアレンジもぬか
りなく、高めツイン
テール×ファーヘア
ゴムでとことんラブ
リー♡

**モヘアニット**

デニムがカジュアルな
ぶん、トップスで甘さを
アピール。ゆるっと大
きめニットは女の子ら
しさ満点！

**ショルダーバッグ**

大人ガーリーなキルティ
ング素材のバッグ。なな
めがけより、肩かけのほ
うが女の子っぽい！

**スニーカー**

デニムと相性のよいス
ニーカー、ピンクをえ
らべばガーリー要素も
おしゃれ度もキープで
きちゃう♪

# こなれ
# カジュアル

**ロゴロンT**

黄色（きいろ）がコーデに明（あか）るさをプラス。上級者（じょうきゅうしゃ）な柄（がら）ミックスも、チェック×ロゴならなんなくまとまるよ。

**ショルダーバッグ**

きちんと感（かん）が出（で）るレザーバッグをコーデのポイントに。チェックの柄（がら）と色（いろ）を合（あ）わせるとおしゃれ♪

**アーガイル柄（がら）カーディガン**

大（おお）きな格子（こうし）がカジュアルな印象（いんしょう）のアーガイル柄（がら）。前（まえ）のボタンを閉（と）じて、いい子風（こふう）に着（き）るのもポイント！

**ワンポイントテク**

かっちり存在感（そんざいかん）あるくつでコーデをしめよう。ブラウンならカジュアルなふんいき☆

123

## デニム
## ショートパンツ

### きれいめ
### 清楚

### キャスケット

丸みのあるキャス
ケットは女の子らし
さと大人っぽさをか
なえてくれる清楚ア
イテム。色は明るめ
が◎。

### フリルつきロンT

首元のさりげないフリ
ルが、カジュアルなデ
ニムをレディな印象
に。あわいベージュが
お上品。

### ロングガウン

ロング丈のガウンで肌見せ
面積をへらして清楚さアッ
プ。ストライプ柄ですらっ
とIラインも強調!

### ワンポイントテク

さらにスタイルアップを
ねらうなら、ヒールのあ
るくつにするとグッド♪
ベルトのクロスデザイ
ンが大人っぽ!

元気
スポーティー

**ワンポイントテク**

男の子(おとこ)っぽくなりが
ちなデニムコーデ。
あわい色(いろ)を多(おお)めに
使(つか)って女子(じょし)っぽさを
プラスして♪

**ナンバーロゴ**

大(おお)きく数字(すうじ)がプリントさ
れたナンバーロゴは、ス
ポーツのユニフォームみ
たいでスポっぽさ満点(まんてん)!

**ラインブルゾン**

ライン入(い)りアイテムは
スポコーデのテッパン!
パステルカラーなら
ガーリースポに仕上(しあ)が
るよ。

**白スニーカー**

元気系(げんきけい)なデニムショーパン
コーデを、さらにさわやか
にまとめるなら、足元(あしもと)は白(しろ)
がオススメ☆

やんちゃ
ストリート

**ニット帽**

ゆるっとラフなコーデのアクセントに、あざやかカラーの帽子をプラス。これで手抜き感はゼロ♪

**ビッグサイズパーカー**

ショーパンがかくれるほどの大きめサイズのパーカーを、ゆるく着こなすのがストリートっぽ！

━ ワンポイントテク ━

ボトムスがコンパクトなぶん、スニーカーはボリューム感があるものをえらぶとバランスがいいよ。

**ロンT**

黒地のシンプルなロンTでかっこいい印象に。古着テイストでコーデにこなれ感を出せるよ。

# 甘辛クール

### ワンポイントテク

ヘアはゴールドのヘアピンをたっぷりつけて、ゴージャスに仕上げよう。ダウンヘアでこなれ感プラス☆

### チェーンバッグ

持ち手がチェーンだとぐっとかっこよくなる！コーデがシンプルだから、バッグでさし色をプラス。

### 黒シャツ

シャツは背中を引っぱるように着る「抜きえり」をしても、大人っぽくキマるよ。

### ニーハイソックス

ショーパンとニーハイソックスの間からちらっと見える肌が、ちょっと色っぽくてクール！

## デニム ショートパンツ

## 姉ギャル

### Gジャン

デニムショーパンにGジャンを合わせて、「セットアップ」に見立てた上級テク。「セットアップ」は上下そろった服のことだよ☆

### フォトT

写真がプリントされた「フォトT」を、Gジャンのインナーとしてちら見せ。辛口に仕上がるよ。

### ◢ ワンポイントテク ◣

「セットアップ」風コーデのコツは、ショーパンと近い色味のGジャンをえらぶこと！デニムなら取り入れやすくて挑戦しやすいよ♪

### 厚底シューズ

シンプル&クールなコーデをしめる黒の厚底シューズ。ダイタン足見せでスタイルアップ効果も◎。

カラフル
ポップ

**カーディガン**

カーディガンをトップス
として活用。2色使いの
バイカラーでカラフル
コーデに仕上げよう。

**メタリック
ウエストポーチ**

角度によっていろんな
色に見えるメタリック
小物は、どハデだけど
意外とどんなコーデに
も合うよ！

**＼ワンポイントテク／**

ハートならガーリーポッ
プ、ボーダーならマリン
ポップ…カーデの柄し
だいで、テイスト自由自
在♪

**チュールスカート**

ショーパンの上からチュールス
カートを重ねる上級テクで、デニ
ムをポップにアレンジしちゃお♪

台形
ミニスカート

ゆるふわ
ガーリー

**タートルネック**

首がすっぽりかくれる
タートルネックは、女
の子っぽさ満点。甘口
に仕上げるなら色は
白が正解。

━ ワンポイントテク ━

長めのパールネックレ
スなら顔まわりがはな
やか＆ガーリーに♡

**モチーフ**
**ショルダーバッグ**

コーデがシンプルだか
ら、うさぎモチーフなど
遊びゴコロのあるアイテ
ムでお目立ち度アップ♪

**ブーティー**

ガーリーコーデの足元
は、黒よりも茶色♪ 全体
のふんいきがマイルドで
やさしい印象になるよ。

# こなれ
# カジュアル

**ベレー帽**

コーデの仕上げに、ベレー帽はマスト。さし色の役割もあるので色は赤が◎。

**デニムシャツ**

はおりのイメージが強いデニムシャツだけど、上までボタンをとめてトップスとして着てもかわいいよ♪

**ワンポイントテク**

もしもデニムを白シャツに変えたら、王道なスクールガールスタイルに♡

**ベスト**

ベストを重ねてスクールガール風に。肩が落ちるくらいゆるするな、大きめデザインが今っぽい!

台形
ミニスカート

きれいめ
清楚（せいそ）

## カチューシャ

ゴールドやパールの細い（ほそ）
カチューシャを何本か重（なんぼん）（かさ）
ねづけ。さりげなく上品（じょうひん）
なはなやかさをプラス。

### ▶ ワンポイントテク ◀

カチューシャを重ねづけ（かさ）
するときは、キラキラ光（ひか）
るゴールドやパールの組（く）
み合わせのように、（あ）
テイストがにている
ものをえらぼう！

## ブラウス

レースつきでも、ブラッ
ク系だと甘すぎない。う（けい）（あま）
す手のブラウスはスカー（て）
トインもしやすいよ♪

## ミニバッグ

バッグを持つならコーデ（も）
を大人っぽく格上げして（おとな）（かく　あ）
くれる、ブラウンのレザー
タイプがオススメ♡

## 元気スポーティー

**ワンポイントテク**

えりがつまったデザインのトレーナーだから、ヘアは高めツインテールですっきりとまとめよう☆

**サコッシュ**

コンパクトでうす型のショルダーバッグ。赤×黒の組み合わせがアクティブなふんいきでスポっぽ☆

**ファスナーつきトレーナー**

スポ感満点のファスナーつきトレーナーは、1枚でもインナーを重ね着してもかわいい優秀アイテム。

**ロゴソックス**

ロゴ×ラインのスポーティーコンビ。バッグの赤とさりげなく色をリンクさせておしゃ見え♪

133

アイテム⑦
台形ミニスカート

やんちゃ
ストリート

## ニット帽

メンズっぽいふんいきを出せるニット帽。落ち着いた色なら、コーデをしめてかっこよく仕上がるよ☆

## 大きめトレーナー

大きめサイズをダボッと着て、スカートの上にかぶせると◎。色は黒をえらんでかっこよく!

## レギンス

スカート×レギンスで肌見せ面積を少なくすれば、男の子っぽなアイテムとのバランスが◎。

## ボディバッグ

カラダにぴたっとフィットするバッグはかわいいだけじゃなく、ゆるシルエットにメリハリを出す効果も!

## ワンポイントテク

黒多めのストリートコーデ。くつをハデカラーの赤にすれば、こなれ感たっぷりの着こなしに♪

## 甘辛クール
あま から

### ベレー帽
ぼう

いい子なイメージのベ
レー帽も、レザー素材
なら断然クール！　小
物は黒でかっこよくま
とめて。

### ✦ ワンポイントテク ✦

大人っぽさを引き立て
てくれる、シルバーの
イヤリングやネックレ
スをプラスしてもコー
デのポイントに！

### ジャケット
おお

ちょっと大きめサイズの
ジャケットをさらっとは
おって、メンズっぽな辛
口コーデをめざすよ。

### 厚底ローファー
あつ そこ

ローファーも厚底でちょ
い辛なアクセント。イ
メージはちょっとやん
ちゃなスクールガール♪

135

**アイテム⑦**

**台形ミニスカート**

**姉ギャル**

### イヤリング

大ぶりで丸みのある
フープイヤリングは、
はなやかで小顔効果
も◎。色はシルバーが
ギャルっぽ♪

### ボーダーロンT

ピタッとしたシル
エットのボーダーロ
ンTに台形ミニを合
わせればレトロギャ
ルコーデに。

### ミニリュック

スポなイメージの
リュックだけど、小さ
めサイズ&レザーだと
ぐっと大人っぽいアイ
テムに！

### ワンポイントテク

さらに存在感あるベルト
をプラスすれば、ギャルっ
ぽ&メリハリあるXライン
のできあがり♡

### 厚底ブーツ

スタイルアップもかなう
厚底ブーツ。長め丈×あ
み上げデザインで、足が
キレイに見える効果も！

136

# カラフル ポップ

### ポンポンゴム

ハーフツインテール×ポンポンゴムのヘアアレで、アクティブなふんいきを出してこ♪

### ワンポイントテク

さらに大きなモチーフのイヤリングをつけると、顔まわりをぱっと明るく、ポップ感も増量するよ！

### キャラトレーナー

ボトムスがシンプルで合わせやすいから、トップスはキャラアイテムで思いきりハジけるくらいが◎。

### スリッポン

いろんな色でムラ染めした「タイダイ柄」で、足元を一気にハピフルに☆

## アイテム⑧

### 長め丈スカート

## ゆるふわ ガーリー

### チェックブラウス

クラシカルで上品なふんいきのチェックブラウス。大きなリボンでガーリー成分を高めよう♡

### 太めウエストベルト

太めのベルトでコーデにメリハリを。ウエスト位置が高く見えるから、スタイルアップ効果はバツグン！

### ワンポイントテク

色は落ち着いているけど、リボン多めでさりげなく甘さをアピールした、上品大人ガーリーコーデ♡

### フラットシューズ

落ち着いたカラーでまとめたコーデに、ラメシューズを合わせると瞬時にはなやかな印象に。

138

## こなれ
## カジュアル

### ヘアバンド

色味が少ないワントーンコーデのアクセントに、チェック柄を採用。アップヘアで元気なふんいき。

### ブルゾン

前を閉じてトップスとして活用。すけ感やレースがついたデザインをえらべば重苦しくないよ。

### ワンポイントテク

ブルゾンとスカートの色味を合わせたワントーンコーデで、まとまり感のある大人カジュアルに♪

### フラットシューズ

黒シューズ×白ソックスでいい子な足元が完成。くつ下の色は、ヘアバンドと合わせるのもアリ。

## アイテム⑧
## 長め丈スカート

きれいめ
清楚

**リブニット**
リブ素材のニットは上品
で、何にでも合わせやす
い着まわし力高めなアイ
テム♡

**ワンポイントテク**
バッグのほかにネック
レスやヘアアクセ
で、アクセントカラー
の赤を追加投入すれ
ば、大人っぽさがアッ
プするよ。

**ミニバッグ**
アクセントカラーの赤が
映えるバッグは、コーデ
をぐっとレディな印象に
してくれるよ♪

**ローファー**
ふつうのローファーも
かわいいけど、厚底タイ
プなら同時にスタイル
アップもかなっちゃう☆

元気
スポーティー

**キャップ**
小物も、上品カラーにこだわって。大人っぽいふんいきのスポがしんせんでかわいい♡

**ワンポイントテク**
スカートのカーキに合わせて、同じアースカラーのベージュをポイントにした上品スポコーデ!

**パーカー**
アイテムはスポーティーだけど、色はベージュ系を。上品だから長め丈スカートとも相性バツグン。

**スニーカー**
足首をおおうタイプのスニーカーで肌見せを少なめに調整。カラーは黒で、コーデをしめよう!

141

## アイテム⑧
## 長め丈スカート

やんちゃ
ストリート

### リュック

カジュアルなリュック
を、片側だけ肩にか
けてラフに持つと、こ
なれたふんいきが出
るよ。

### カーディガン

大きめサイズのカー
ディガンを肩が少し見
えるくらい、ゆるずる
に着て。インナーはタ
イトめが◎。

### ワンポイントテク

大きめカーデ×長め丈
スカートのゆる×ずる
な着こなしは、黒小物
でしめたら手抜き感ゼ
ロでおしゃれ！

### スリッポン

白黒のフラッグチェック
柄で足元にアクセント
をちょいたし☆

# 甘辛クール

## ワンポイシトテク

ジャケットはきっちり着るのではなく、肩に軽くかけるだけに変えても、こなれたふんいきが出せるよ。

## ライダースジャケット

ハードなボタンやえりが特徴のジャケット。かっちりした形で、はおるだけでどんなコーデも辛口に☆

## ビスチェ

重ね着もカンタンにおしゃれにキマるビスチェ。丈が短いからスカートとのバランスがバツグン！

## ローファー

足元はかっちりマジメなふんいきのローファーではずすとクールでおしゃれにまとまるよ。

## 長め丈スカート

姉ギャル

### ワンポイントテク

スタイルをよく見せるには、ヘアは高めのポニーテールがオススメ！ 小顔効果もばっちり☆

### ショート丈ニット

短め丈のニット×長め丈スカートのバランスは腰位置が高く見えて、スタイルアップ効果アリ。

### ゴールドアクセサリー

黒いニットに映えるゴールドのネックレス＆イヤリングで、大人っぽいはなやかさをプラス。

### スニーカー

足元はスニーカーではずして、今っぽさ満点のスポ×ギャルミックスコーデに仕上げよう。

## カラフル ポップ

**＼ ワンポイントテク ／**

トップスはあえてインせず、ベルトもたらしてゆるゆるにまとめたほうが個性派ポップに☆

**チョーカー**

顔まわりの印象をぱっと変えられるチョーカー。黒をえらんで、カラフルコーデをしめよう♪

**ボーダーロンT**

主張の強い太めのボーダーだから、1枚で即ポップなコーデが作れちゃう！

**カラースカート＋ベルト**

ボーダー柄は太って見えちゃうことも。そんなときは上からベルトをしてメリハリを強調すればOK☆

145

## ワイドパンツ

## ゆるふわ ガーリー

### カチューシャ
存在感ある太めカ
チューシャで、シンプ
ルな着こなしにガー
リーなアクセントを
プラスしよう♪

### ワンポイントテク
ブラウスはすべてパン
ツインするのではな
く、前だけをインした
ほうが女の子らしくな
るよ。

### ブラウス
大人っぽいシルエット
のワイドパンツには、
トップスもくすみカ
ラーをチョイスするの
が正解♡

### ブーティー
女子度高めなブー
ティーは、パンツとく
つの間から肌が少し
見えるくらいの短め
丈がベスト。

146

# こなれ
# カジュアル

**ベスト**

ベストはシャツだけじゃなく、ロンTと重ねてもかわいい♪ 抜け感があってパンツとも相性ばっちり。

**ワンポイントテク**

ベストの下から、ロンTをあえてゆるっと出して。くずした着こなしがカジュアルなパンツに合う♪

**バッグ**

巾着のような形のバッグをラフに手で持つと、こなれたふんいきに。赤×白がコーデのアクセントに◎。

**スニーカー**

ベージュ×赤は好感度高めなテッパンの組み合わせ。スニーカーでさらりと取り入れよう。

147

## ワイドパンツ

### きれいめ清楚
(せい そ)

### イヤリング

大ぶりなゴールドのアク
セサリーが、大人っぽさ
を底上げ。ゆれるデザイ
ンでモテ効果も期待♡

### ワシポイントテク

ベージュ系カラーでま
とめることで、カーデ
のかわいさがより引き
立つよ♪

### カーディガン

カーディガンのボタンを
とめてトップスに。えり
元のお花デザインが清
楚なふんいき。

### パンプス

全体的にシンプルなコー
デのときは、足元に柄を
取り入れると、ぐっとお
しゃれな仕上がりに♪

148

元気
スポーティー

**イヤリング**
テープロゴのアイテム
で顔まわりを盛って、
シンプルコーデに女
子っぽなアクセントを
オン♪

**ラインロンT**
大きくV字のラインが
入ったデザインは、チア
ガールみたいでかわい
い!

**ワンポイントテク**
黒でまとめたリュック
サックとスニーカーで、
スポーティーな印象に。

**スニーカー**
ロンTのかわいさを主役
にしたいから、ワイドパ
ンツ×スニーカーのベー
シックコンビを指名♡

## アイテム⑨
## ワイドパンツ

やんちゃ
ストリート

**ワンポイントテク**

全体的にゆるっとした
リラックス感がポイント
のコーデ。ヘアもラフ
にまとめて抜け感を出
そう♡

**パーカー**

太めのワイドパンツに
大きめのパーカーを重
ねて、男の子っぽいラフ
な着こなしのゆるずる
コーデが完成♪

**ウエストポーチ**

上半身にポイントを作る
ことで視線を上に集め
て、ゆったりシルエット
にメリハリをプラス。

**スニーカー**

長め丈ボトムスにハイ
カットスニーカーを合わ
せるときは、重くならな
いよう似たカラーでスッ
キリまとめて♪

150

## 甘辛クール

### ボーダータートル

ボーダーを辛口に着るなら細ボーダーをえらぶのが◎。パンツインでキレイめに着て大人っぽく♡

### ワンポイントテク

かわいいけど顔のりんかくが強調されちゃうタートルネック。大ぶりイヤリングで小顔見せをねらお☆

### オーバーシャツ

大きめサイズのシャツは、肩を落としてラフに着よう。丈も長めで、すっきりIラインを強調！

### パンプス

ボトムスとパンプスのカラーを合わせると、まとまり感が出て足長効果も期待できちゃう♪

151

アイテム⑨
## ワイドパンツ

姉ギャル

### Gジャン

カジュアルなパンツを、濃いめのGジャンで辛口ギャルにシフト。そで口を折り返してこなれ感出してこ♡

### スクエアネックT

四角いえりのスクエアネックで顔まわりスッキリ。タイトシルエットもワイドパンツと好相性♪

### ワンポイントテク

レザーのチェーンバッグのような辛口アイテムをプラスワンして、大人ギャルっぽさを出しちゃおう♪

### チェーンバッグ

持ち手がチェーンになったバッグは、かっこいいふんいき。素材はレザーがダンゼンおしゃれ♡

カラフル
ポップ

**キャップ**

ドットと同じ色のキャップでコーデにまとまり感をプラス。おでこ出しヘアアレで元気にキメよ☆

**ドットニット**

インパクトある大きめドットはポップテイストには欠かせない♡　さらっと1枚で着ても存在感バツグン！

**リュック**

すけ感がかわいいビニール素材のリュックは、おもちゃみたいでキャッチーなポップさがポイント♪

**＼ワンポイントテク／**

ベーシックなベージュのパンツには、柄や素材でいろんなポップアイテムを重ねちゃおう♡

153

## ジーンズ

## ゆるふわ ガーリー

### カチューシャ

ガーリーさんの定番柄、白×黒のドットをさりげなくカチューシャで取り入れて甘さを増量♡

### フリルトップス

そでのたっぷりフリルが存在感バツグン。主役級アイテムは、さらっと1枚で着るのが正解だよ♡

#### ▶ ワンポイントテク ◀

小物もすべてピンク&赤系でまとめて、とことんガーリーをきわめるのがグッド♪

### ベルト

トップスをインしたすっきりコーデに、ピンクのベルトでアクセントをつけ、メリハリを利かせよう☆

# こなれ
# カジュアル

### キャップ
スポの定番・キャップは、ベージュなどのおとなしめカラーならカジュアルコーデともお似合い。

### ドッキングトップス
1枚で重ね着しているように見えるドッキングトップスは、時短おしゃれがかなう優秀アイテム。

### ワンポイントテク
ハイカットのスニーカーを合わせるときは、デニムはロールアップしよう。肌ちら見せが健康的！

### スニーカー
デニム×赤はカジュアルかわいいテッパンの組み合わせ！ シンプルコーデがぐっとおしゃ見え☆

155

## ジーンズ

きれいめ
清楚（せいそ）

### 白（しろ）カーディガン

カーディガンを上（うえ）まで閉（と）じてトップスとして活（かつ）用。えりは丸首型（まるくびがた）のクルーネックが、上品（じょうひん）でグッド。

### ミニバッグ

さし色（いろ）アイテムに使（つか）いがちなバッグだけど、デニムと色（いろ）をリンクさせると上品（じょうひん）なまとまり感（かん）がアップ！

### ワンポイントテク

白（しろ）カーデ×青（あお）デニム×赤（あか）シューズの3色（しょく）を合（あ）わせたトリコロールカラーで、上品（じょうひん）フレンチルックに♡

### フラットシューズ

エナメルのシューズは、かわいさと清楚（せいそ）さを両立（りょうりつ）できるアイテム。ツヤ感（かん）がコーデのアクセント！

元気
スポーティー

**バケットハット**
顔まわりが明るく見える、つばのせまいバケットハットが好相性！

**ラガーシャツ**
白いえりが特徴のラガーシャツ。肩が落ちるほどの大きめサイズを、デニムインしてゆるピタに着よう。

**ワンポイントテク**
小物を白多めに変えると、明るくかわいいガーリースポに！ ラガーシャツのピンクも引き立つよ。

**白スニーカー**
真っ白なスニーカーでさわやかさ100％。ボリュームあるデザインで存在感をアピール☆

やんちゃ
ストリート

## ニット帽
着こなしがあか抜けてお
しゃれ度が上がる、あざや
かカラーのニット帽。元気
なネオンカラーがグッド。

## ワンポイントテク
シンプルで男の子っぽ
いコーデには、ヘアア
レが重要。ツインテー
ルで女子感をプラスし
て手ぬき感なしに！

## ビッグサイズロンT
ダボッと大きなロンT
に、デニムをレギンス感
覚で合わせる、ゆるピタ
シルエットがストリー
トっぽ！

## レースアップシューズ
ハイカットのあみ上げ
シューズに、デニムをイン
して足元のボリューム感
と存在感をアピール。

甘辛
クール

**ワンポイントテク**
落ち着いたカーキ色メインのコーデにアクセではなやかさをプラス。大ぶりのイヤリングは小顔効果も◎。

**サファリシャツ**
胸元のポケットが辛口テイストな、サファリシャツ。えり抜きで着て、とことんこなれ感を演出♪

**Tシャツワンピ**
黒のTシャツワンピにデニムを合わせて、スタイルアップに期待大なYラインコーデ仕上げに。

**厚底シューズ**
細身のデニムには、ぼてっとした存在感ある厚底シューズが好相性。足首もすっきり細見え！

ジーンズ

姉ギャル

## 柄シャツ

柄は大きめをえらぶのが、ギャルっぽさを出すポイント。ベースが黒ならハデになりすぎないよ♪

## ゴールドベルト

はなやかさとメリハリをプラスしてくれる、ゴールドのチェーンベルトでウエストをマーク。

## カチューシャ

明るい色のカチューシャでコーデにポイントを。ヘアはダウンスタイルで大人にキメ！

### ワンポイントテク

顔まわりを明るくするヘアアクセをプラスすると、はなやかさがアップ！

# カラフル ポップ

## ワンポイントテク

メッシュキャミは合わせるTシャツで印象がガラッと変化するよ。Tシャツをもっとハデ色に変えるのもアリ♪

## イヤリング

キャンディーなどのモチーフアクセでコーデをハデかわ仕上げ。遊びゴコロあるデザインがグッド。

## Tシャツ×キャミワンピ

Tシャツ、キャミワンピ、デニムと重ねまくりの上級コーデ。メッシュのすけ感で重苦しさはなし。

## サンダル

スポーツサンダルにカラーくつ下を合わせるテクで、コーデに個性派なスパイスをひとさじ♪

# ほかにもまだまだある！
# オススメ定番アイテム

着まわしを紹介したもの以外にも、
まだまだ使えるアイテムがたくさん！
1枚持っているとコーデのはばがぐっと広がるよ。

## ボーダーTシャツ

デニムと合わせれば
カジュアル、
ミニスカートなら
クールにキマるよ♪

## 丸えりセーター

そのまま着るのはもちろん、
シャツを重ねた着こなしも
上品かわいい♡

## プリーツスカート

シャツに合わせる
王道スクールコーデも、
Tシャツでハズした
コーデも◎。

## キャミソール
## ビスチェ

下に着るTシャツを変えれば
コーデは無限大！
キャミはインナー
としても活やく！

## Gジャン

合わせるボトムスしだいで
どんなテイストにも
ハマる万能アイテム☆

162

## レッスン 3

# ヘアケア&ヘアアレンジ

ヘアスタイルは、アレンジの仕方(しかた)によって

がらりとイメージが変(か)わってくるおしゃれの重要(じゅうよう)なポイント♪

不器用(ぶきよう)さんでもチャレンジしやすい

いろんなアレンジ方法(ほうほう)をたくさん紹介(しょうかい)しちゃうよ!

# さらツヤ美髪になりたい！
# ヘアケアレッスン

正しいお手入れ方法を知って、
健康的でキレイな髪を手に入れよう♪

## 正しいとかし方のポイント

髪の毛をとかすのは、身だしなみのマナーのひとつ。「髪のヨゴレやほこりを取りのぞく」「頭皮の血行をよくする」「髪にツヤやうるおいをもたらす」という効果があるよ。

### ブラシの種類

ヘアブラシには大きく分けてロールブラシ（ドライヤーをあて髪を整える）、デンマンブラシ（髪を落ち着かせる）、スケルトンブラシ（からまりやすい人にオススメ）、クッションブラシ（つやをあたえる）の4種類あるよ。目的に合わせてえらんでみよう。

ロールブラシ

デンマンブラシ

スケルトンブラシ

クッションブラシ

### とかし方

ブラッシングは「毛先」から「中間」「根元」へと少しずつやさしくとかしていくよ。根元からとかすと、からまったりひっかかったりするから注意！ 最後に髪全体を、上から下へとふんわりととかして整えよう♪

164

## 洗い方のポイント

さらツヤ美髪になるためには、やさしくていねいにヨゴレを落とすのがカギ。しっかり洗わないとフケや枝毛の原因にもなるよ。

### ぬらす前にブラッシング

髪がもつれたままぬらしてしまうと、さらにきつくからまって、ダメージをあたえてしまうよ。

### 根元までぬらす

頭皮のヨゴレをしっかり落とすために、根元までぬらそう。

### 頭皮をやさしくマッサージ

洗髪でいちばん大事なのは「頭皮のヨゴレをしっかり落とすこと」。つめは立てず、やさしくマッサージしよう。

### しっかり洗い流す

すすぎ残しがあると、アブラっぽくなったり、ニオイがしたりとトラブルになる可能性があるから気をつけて。

### トリートメントをつけ、流す

いたんだ髪をケアしてくれるトリートメントは髪の中間から毛先につけよう。

## かわかし方のポイント

髪の毛はぬれたままだと、いたみやすいよ。素早くしっかりドライヤーでかわかそう！

後ろから前へ

上から下へ

NG

髪をいためる原因になるから、
ドライヤーを長時間使わないように注意！

### しっかりタオルドライ

ポンポンとたたくようにタオルでおさえて水気を切ろう。

### 毛の流れにそってとかす

かわかす前にブラシで髪をとかして、からまりをとって。

### 根元からかわかす

かわきづらい根元から風をあてよう。広範囲に風を送れるように、ドライヤーは髪から離して持って。後ろから前、上から下へとかわかしていこう。

### 最後に冷風をあてる

仕上げに冷風をあてることで乾燥を防ぎ、髪と頭皮を守って、髪にもツヤが出るよ。

## 寝ぐせ直しのポイント

寝ぐせをつけないように、まずはしっかりかわかすのが大事。それでも寝ぐせがついてしまったら、根元からぬらしてセットし直そう。

### 1 根元からぬらす

寝ぐせの原因は根元にあることが多いんだ。しっかり根元から直そう。

### 2 前髪はいろんな方向からかわかす

①生え際、②左右に引っぱる、③下に引っぱるの順でかわかすよ。

## 枝毛やフケの防ぎ方

どちらもブラッシング、洗髪、かわかすことで防げるよ。ほかにもいくつか防止のポイントがあるから日頃から注意してみて。

### 正しいブラッシング、洗髪、乾燥を！

髪の毛や頭皮がダメージを受け、いたんでしまってできる枝毛やフケ。これまでのヘアケア方法を見直してみよう。

### シャンプーやトリートメントが合ってる?

髪の毛や頭皮の質は、人それぞれちがうもの。髪がパサついてしまったり、フケが出てしまったり…自分と合わない場合も。相性のよいものを探そうね♪

### ストレスや睡眠・栄養不足は美髪の敵！

カラダやココロが疲れていたり栄養がたりていないと、髪の毛も影響を受けてしまうんだ。心身ともに元気になることで美髪も手に入れられるよ！

166

## ヘアケア・スタイリングアイテムの使い方

ヘアアレンジを手助けしてくれるのがスタイリング剤！ 髪の毛を思いどおりにセットするのに便利なアイテムだよ☆

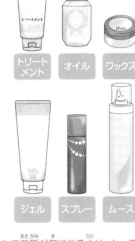

### ヘアケア・スタイリング剤

トリートメントやオイルのように髪の毛をダメージから守ってくれるものや、ワックスやジェル、スプレー、ムースなど髪の毛をまとめたり固めたりするものがあるよ。それぞれの特徴をいかして、使い分けてみよう！ スタイリング剤が残ったままだと毛穴につまって頭皮のトラブルになることも。使った後は、しっかり洗い流そうね！

トリートメント　オイル　ワックス

ジェル　スプレー　ムース

前髪くるんは
カーラーが
便利！

ぺしゃんこ前髪が気になる人は、カーラーで前髪を巻こう！ ふわっとカールさせられるよ♪

## おだんごクッションやウイッグを使ってみよう♪

地毛（自分の髪の毛）をアレンジするだけでなく、
ヘアアレンジアイテムを使って、ワンランクアップのおしゃれを楽しんでみよう！
使い方は商品によってちがうから説明書にそって使おうね。

### おだんごクッション

カンタンにボリュームのあるおだんごを作れるよ♪

### ウイッグ

髪の毛が短い人でもロングヘアを楽しめたり、前髪をつけてみたり、いろんな髪型を気軽に試せるアイテム☆

# ヘアアクセ♡

ヘアアレンジをもっと楽しくする

さまざまなタイプのヘアアクセがあるよ！
上手に使ってヘアアレンジをもっともっと楽しんじゃお♪

**ヘアゴム**
太ゴム、細ゴム、かざりつきゴムなどいろんな種類があるよ。

**シュシュ**
うすい布のなかにゴムが入っているよ。つけるだけではなやかな印象に。

**ヘアピン**
髪にさして使うよ。種類がいろいろあって髪をとめたり、かざりにしたり。

**スリーピン**
パッチンどめともいわれる三角形やひし形をしたピン。髪をはさんでとめるよ。

**ダッカール**
別名ヘアクリップ。アレンジやカットのときに仮どめとしても使うよ。

**ヘアバンド**
ゴムが入った布。頭からかぶって前髪とサイドの髪をまとめておさえるよ。

**カチューシャ**
前から両耳あたりまでの髪をおさえるヘアアクセ。種類もデザインもたくさんあるよ！

ヘアアレンジが限られているショートカット＆前髪のばし中の子はヘアアクセを上手に使えば、アレンジのはばが広がるよ！

168

バレッタ

髪の毛をはさむ金具に、リボンやプラスチックなどのかざりがついているよ。

バンスクリップ

真ん中にちょうつがいが入っていて、毛束をはさむタイプ。

バナナクリップ

バナナのようなたて長の形をしたクリップ。左右に開いてはさむだけ！

ヘアカフス

ゴムで束ねた毛束にピンをさして、とめるよ。さしこむだけだからカンタン！

マジェステ

かざりの部分を毛束にかぶせてから、スティックをさしこんでとめるよ。

169

# お手軽ヘアアレンジ

ヘアアレンジをするとイメージが
ガラッと変わって、おしゃれのはばがぐっと広がるよ！

## きほん
# ひとつ結び
## ポニーテール

**1**
前髪以外を頭の後ろ
で1つに束ねよう。

**2**
コームでキレイ
に整えるよ。

**3**
ゴムに毛束を通してか
ら、ゴムを8の字にひねっ
て、反対の穴にまた毛束
を通すよ。

**4**
3を何回かくり返
して、きつく結べ
たら完成！

## 高めポニー

**1**
前髪以外を頭の上で
1つに束ねよう。

**2**
結び目があごと耳の延長
線上になるようにして、
ゴムでしっかり結ぼう。

## サイドポニー

**1**
前髪以外を片耳の
横か後ろで1つに
束ねよう。

**2**
ゴムでしっかり結ぼう。結び
目の位置を高めにすると元気
な、低めにするとおとなしい
印象になるよ。

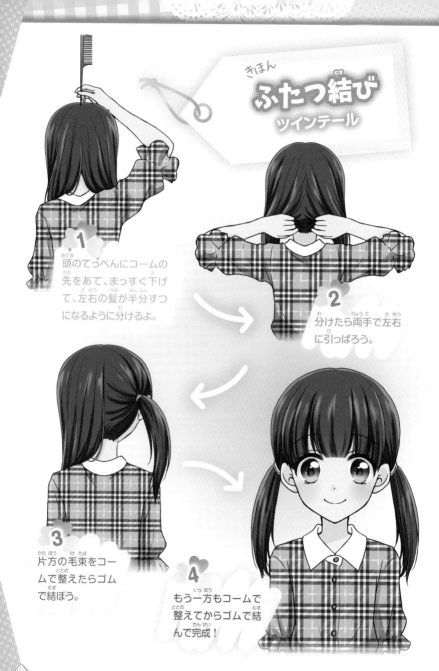

# ふたつ結び
## ツインテール

**1**
頭のてっぺんにコームの先をあて、まっすぐ下げて、左右の髪が半分ずつになるように分けるよ。

**2**
分けたら両手で左右に引っぱろう。

**3**
片方の毛束をコームで整えたらゴムで結ぼう。

**4**
もう一方もコームで整えてからゴムで結んで完成！

# ぽこぽこツイン

ふたつ結び
アレンジ

**1** ♡
ふたつ結び（172ペー
ジ）のように髪を分け、
耳の横か後ろで結ぼう。

**2**
上の結び目より少し下を
ゴムで結び、2つの結び
目の間の髪を少しつま
み出すのをくり返そう。

**3**
もう一方も同じよう
にしたら完成！

Point☆

ぽこの部分は、ポンポンみたいに
丸くふくらませるように髪を引き
出すとキュート☆

173

# ハーフアップ

**1**
両手の親指を立てて、耳の上にあて、上部の髪をすくって1つに束ねよう。

**2**
コームでキレイに整えるよ。

**3**
ゴムでしっかり結ぼう。

**4**
毛束がぴょんと浮くときは、結び目を下に向けると落ち着くよ。

# リボンハーフアップ

**1**

ハーフアップ（174ページ）の後、下に
ある左右の髪を少しずつとり、それぞ
れ輪を作ってコムで結ふよ。輪を矢印
の方向に持っていき交差させよう。

**2**

リボンの形（かたち）になるよ
うにピンでとめてね。

**3**

ハーフアップした毛束（けたば）
をリボンの真ん中（まなか）に巻
きつけるようにして、
上（うえ）から内側（うちがわ）に通（とお）すよ。

**4**

リボンに見（み）えるように形（かたち）を
整（ととの）えたら、完成！ 低（ひく）い位置（いち）
だと大人（おとな）っぽく、横（よこ）にずらす
とポップな印象（いんしょう）になるよ☆

## 外巻き

前髪を横に流して、毛束を外側に向かって巻こう。耳の上まで巻いたらピンでとめて完成！

## 内巻き

同じようにして、内側に巻くよ。

ツイスト
# アレンジ

### ねじりロープあみ

**1**

耳の前にある髪を2つに分けて、両手で同じ方向にねじるよ。

**2**

2つの毛束を1と逆方向にねじり合わせよう。下までねじり合わせたら、ゴムで結んで完成！

ねじりロープあみツイン

## ツイスト アレンジ

**1**
ふたつ結び（172ページ）のように髪を左右半分に分けよう。片方の毛束を2つに分けて、両手で同じ方向にねじるよ。

**2**
2つの毛束を1と逆方向にねじり合わせよう。下までねじり合わせたら、ゴムで結ぶよ。

**3**
結び目をおさえながら、少しずつ髪をつまみ出すよ。もう一方も、1〜2と同じようにしたら完成！

### アレンジ★バリエ

高い位置でサイドポニー（171ページ）にしばった後、ねじりロープあみにする「ねじりサイドポニー」は元気な印象で◎！

## ツイスト アレンジ

### ねじりバッテンどめ

❶上部の髪を一部ねじって、2本のアメリカピンを交差させてとめるよ。
❷同じようにサイドの髪も一部ねじってアメリカピンでとめよう。

メガネをかけている場合は、顔まわりをすっきりさせると明るい印象になるよ。前髪をあげてもグッド！

## ピンどめアレンジ

### 三点どめ
2本のアメリカピンを交差させてとめ、さらにもう1本真ん中にさしてとめよう。

### 三角どめ
3本のアメリカピンで三角形をえがくようにとめるよ。

### ジグザグどめ
アメリカピンをななめにジグザグになるようにとめていこう。

## きほん ポンパドール

### 1
前髪を1つに束ねて
1回ねじろう。

### 2
1の髪を少し前に
出して、ふんわりと
ボリュームアップさ
せよう。

### 3
2の形をキープしつつ、アメリカ
ピンでとめよう。2～3か所ピン
でとめるとくずれにくいよ。

### 4
髪の形を整えたら完成！
ギュッときつくねじら
ず、ふわっとさせるのが
ポイント☆

## ポンパドール アレンジ

### ねじりポンパドール

❶前髪を7:3で分け、ななめにねじって、ピンでとめ
よう。
❷トップにボリュームが出るように、ねじった部分を
少しずつ引き出したら完成！

## きほん
# おだんご
## ゆるだんご

**1**

前髪以外を頭の後ろで1つに束ねよう。

**2**

束ねた髪をゴムで結ぶよ。最後にゴムを通すとき、毛先まで通しきらずに途中でとめよう。

**3**

おだんごの形を丸く整えて完成！

おだんご
巻きつけだんご

**1**
ひとつ結び（170
ページ）にするよ。

**2**
結び目に毛束をグル
グルと毛先まで巻き
つけていこう。

**3**
アメリカピン3〜4本で毛先
を固定しよう。根元の髪を
すくいながらとめるとしっ
かり固定できるよ。ピンが
見えないように、おくまで
おしこもう。

**4**
おだんごの形を丸く
整えたら完成！

おだんご
アレンジ

## サイドねじりだんご

**1**
前髪以外を片耳の後ろで1つに束ねよう。毛束を2つに分けて、ねじりロープあみ（176ページ）にするよ。

**2**
毛束を根元に向かって巻きつけよう。巻きつけたら、根元と毛先をゴムできつく結んで。

**3**
飛び出した毛先をアメリカピンでとめて、しっかりまとめたら完成！

メガネをかけているなら、前髪もあげて、おだんごの位置を頭のてっぺん近くまであげよう。ふわっとさせるとバランスよくキマるよ！

## デカ耳ツインおだんご

おだんご
**アレンジ**

**1**

ハーフアップ（174ページ）のように、上部の髪を束ね、左右で半分に分けてゴムで結ぼう。片方の毛束を根元に巻きつけて、アメリカピンでとめるよ。

**2**

巻きつけて丸みを出したおだんごの先を少しずつつまんで、ネコの耳のように三角形にしよう。

Point

**3**

もう一方も1〜2のようにしたら完成！

かざりのついたヘアゴムなどで二重にとめるとくずれ防止になるし、かわいさもアップ！

**1**

ひとつ結び (170ペー
ジ) にしたら、ゴムを
少し下にずらそう。

**2**

結び目の上の真ん中にすき間を
作って、毛束を上から通そう。

**3**

毛束を左右に引っぱっ
て、結び目をしめよう。

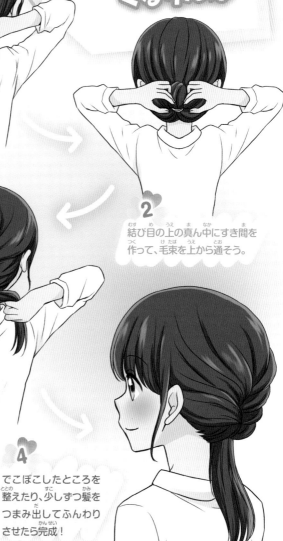

**4**

でこぼこしたところを
整えたり、少しずつ髪を
つまみ出してふんわり
させたら完成！

# 逆くるりんぱ

**1**
くるりんぱ（184ページ）の2で毛束を通す向きを逆にし、すき間の下から通そう。

**2**
毛束を左右に引っぱって、結び目をしめよう。

## アレンジ ハート くるりんぱ

**3**
髪を少しずつつまみ出して形を整えたら完成！

ハーフアップ（174ページ）したら、逆くるりんぱして毛束を2つに分けよう。ふんわりとハートの形を作ったら、残りの髪といっしょにゴムで結んで完成！

## 連続くるりんぱひとつ結び

### 1

くるりんぱ（184ページ）した髪を少しずつつまみ出して、ふんわりさせよう。

### 2

結び目をおさえて、ゴムだけを下にずらし、もう一度くるりんぱするよ。

### 3

髪の長さに応じて1〜2をくり返したら完成！

ふんわりやさしいゆるふわスタイルだから、メガネをかけている子にもオススメ！ 帽子と合わせてもかわいい♪

## ハーフアップ
## くるりんぱツイン

### くるりんぱ
### アレンジ

**1**

上部の髪を2つに
分け、左右の高い
位置で結ぼう。

**2**

2回連続でくるり
んぱ（184ページ）
をしよう。

**3**

もう一方も2のよう
にしたら完成！

### アレンジ★
### バリエ

前髪の横の髪を少し残しておくと、
ゆるふわな仕上がりになるよ！

187

# くるりんぱポコツイン

**1**
ふたつ結び（172ページ）にしたら、1回くるりんぱ（184ページ）をするよ。

**2**
1の結び目より少し下をゴムで結ぶよ。結び目の間の髪を少しつまみ出して。

**3**
1のくるりんぱと2のぽこぽこツイン（173ページ）の動作を交互にくり返そう。もう一方も同じようにしたら完成！

Point★

帽子をかぶるときは、耳の下からふたつ結びにするとジャマにならないよ！

## 逆くるりんぱ サイドアップ

### 逆くるりんぱ アレンジ

**1**
ハーフアップ（174ページ）を片耳の上で結ぼう。

**2**
逆くるりんぱ（185ページ）したらダッカールなどで仮どめしておくよ。残りの髪は1の結び目の下で結ぼう。

**3**
上下の毛束をそれぞれ毛先から結び目に向かってコームでとかして♪ 逆毛（201ページ）を立てて、ボリュームアップしたら完成！

### アレンジ★ バリエ

ボリュームがある髪型だから、大ぶりの髪かざりをつけるとさらにはなやか☆ パーティーや発表会、お祭りのときにオススメ！

# きほん
# みつあみ

**1**
前髪以外をサイド
へ持っていき3つに
分けよう。

**2**
❶を❷の上に重ねて
後ろへうつし、❷を前
に持っていくよ。

**3**
❸を❶の上に重ねて、
前に持っていくよ。

**4**
2〜3をくり返し、ゴ
ムで結んだら完成！

# 表あみこみ
きほん（おもて）

**1**

サイドの髪を3つに分け、❸か
らみつあみを1回分するよ。
次に❸の後ろからほかと同じ
量の毛束❹をとるよ。

**2**

❷と❹をまとめて❶の上に重ね、前
に持っていくよ。次に❶の前からほ
かと同じ量の毛束❺をとるよ。

**3**

❸と❺をまとめて
❷と❹の上に重ね、
後ろへうつすよ。

**4**

2～3を耳の下までくり返
し、残りをみつあみにし
てゴムで結んだら完成！

# <ruby>基<rt>きほん</rt></ruby> 裏あみこみ

## 1

サイドの<ruby>髪<rt>かみ</rt></ruby>を3つに<ruby>分<rt>わ</rt></ruby>け、❶を
❷の<ruby>下<rt>した</rt></ruby>を<ruby>通<rt>とお</rt></ruby>して、<ruby>後<rt>うし</rt></ruby>ろへうつす
よ。<ruby>次<rt>つぎ</rt></ruby>に❸を❶の<ruby>下<rt>した</rt></ruby>を<ruby>通<rt>とお</rt></ruby>して、
<ruby>前<rt>まえ</rt></ruby>に<ruby>持<rt>も</rt></ruby>っていくよ。

## 2

❶の<ruby>前<rt>まえ</rt></ruby>からほかと<ruby>同<rt>おな</rt></ruby>じ<ruby>量<rt>りょう</rt></ruby>の<ruby>毛束<rt>けたば</rt></ruby>
❹をとり、❷と❹をまとめて❸の
<ruby>下<rt>した</rt></ruby>を<ruby>通<rt>とお</rt></ruby>し、<ruby>後<rt>うし</rt></ruby>ろへうつすよ。

## 3

❸の<ruby>後<rt>うし</rt></ruby>ろからほかと<ruby>同<rt>おな</rt></ruby>じ
<ruby>量<rt>りょう</rt></ruby>の<ruby>毛束<rt>けたば</rt></ruby>❺をとり、❶と❺
をまとめて❷と❹の<ruby>下<rt>した</rt></ruby>を
<ruby>通<rt>とお</rt></ruby>し、<ruby>前<rt>まえ</rt></ruby>に<ruby>持<rt>も</rt></ruby>っていくよ。

## 4

2～3を<ruby>耳<rt>みみ</rt></ruby>の<ruby>下<rt>した</rt></ruby>まで<ruby>くり返<rt>かえ</rt></ruby>
し、<ruby>残<rt>のこ</rt></ruby>りをみつあみにし
てゴムで<ruby>結<rt>むす</rt></ruby>んだら<ruby>完成<rt>かんせい</rt></ruby>！

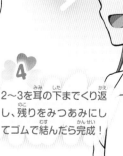

# きほん
# 片あみこみ

1

サイドの髪を3つに分け、❸からみつあみ
を1回分するよ。次に❸の後ろからほかと
同じ量の毛束❹をとる。❷と❹をまとめ
て❶の上に重ね、前に持っていくよ。

2

❸を❷と❹の上に重ね
て、後ろへうつそう。

3

❹の後ろからほかと同じ
量の毛束❺をとり、❶と❺
をまとめて❸の上に重
ね、前に持っていくよ。

4

2〜3を耳の下までくり返
し、残りをみつあみにし
てゴムで結んだら完成！

## ゆるみつあみツイン

**1**
髪を左右半分に分け、片方を耳の下から2回分ゆるめにみつあみ（190ページ）をしよう。

**2**
もう一方も1と同じように2回分みつあみをして。

**3**
左右とも、あみ目の髪を少しずつつまみ出して、ふんわりさせたら完成！

メガネをかけている子の知的なイメージをさらに上げてくれるヘアアレだよ。ゆるふわだから、やさしいふんいきもプラスできちゃう♪　前髪をあげてもグッド！

# みつあみ アレンジ

**1**
髪を左右半分に分け、両方とも耳の下から、ゆるめにみつあみ（190ページ）をしよう。

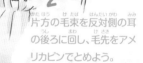

**2**
片方の毛束を反対側の耳の後ろに回し、毛先をアメリカピンでとめよう。

**3**
もう一方の毛束も2と同じようにしてピンを数本使って毛先をしっかりととめたら完成！

**アレンジ★バリエ**

かざりのついたピンやヘアアクセをちりばめると、さらにはなやかになるよ☆

195

## お花みつあみ

**みつあみ**
**アレンジ**

**1**
耳の上の髪を3分
の1ほどとり、みつ
あみ（190ページ）
をしよう。

**2**
毛先からくるくると
巻き上げていこう。

**3**
耳の上まで巻き上げたら、
根元の髪をアメリカピン
でとめるよ。ピンが見えな
いように、おくまでおしこ
もう。

**4**
くずれないように何
か所かピンをとめて
形を整えたら完成！

## サイドリボンみつあみ

### みつあみ アレンジ

**1**
前髪以外を片耳の横か後ろで1つに束ねてゴムで結ぼう。リボンをゴムに通し、はしを1センチくらい出すよ。リボンの長さは、結んだ髪の1.5倍くらいが目安。

**2**
毛束を2つに分けて、リボンとみつあみしていこう。

**3**
きつめにみつあみ（190ページ）をしたら、ゴムで結んで、あみ目から髪を少しずつつまみ出し、ふんわりさせよう。あまったリボンを結んだら完成！

### アレンジ★バリエ

リボンのかわりに、ふわふわ素材の毛糸と合わせると、冬っぽいイメージになるよ♪

## 表あみこみ アレンジ

## 後ろサイド ゆるあみこみ

### 1
ななめ下に向かって、表あみこみ（191ページ）をしていこう。

### 2
毛先までいったら、ゴムで結ぶよ。

Point ★

### 3
あみ目の髪をつまみ出したら、完成！

いちばんのポイントはところどころ髪をつまみ出して、ゆるふわ感を出すこと！ バランスを見て、つまみ出して。

198

## ツイン裏あみこみ

裏あみこみ
**アレンジ**

**1**

髪を左右半分に分けよう。片側の耳から上の髪を裏あみこみ（192ページ）していこう。

**2**

耳の下まであみこんだらゴムで結ぶよ。

**3**

もう一方も1〜2と同じようにしたら完成！

*Point*

3の続きで、そのままみつあみにしても◎！

# ワンポイントテク☆

## 結び目を<br>かくす

**1**

髪を結んだら、<br>毛束から少しだけ髪を分けよう。

**2**

1で分けた髪をゴムに<br>ぐるぐると毛先まで巻きつけて、<br>アメリカピンで根元の髪を<br>すくいながらとめるよ。

## ピンを<br>かくす

**1**

髪をツイスト<br>（176ページ）しよう。<br>ねじったら、ねじり目の下に<br>アメリカピンをあてて。

**2**

根元の髪をすくいながら、<br>ねじり目の下にかくれるように<br>アメリカピンをおしこもう。<br>ぐっとおくまでさすのがポイントだよ。

**毛束を立たせる**

**1**

髪を結んだら、ゴムの結び目に
アメリカピンを2本立てるようにさすよ。

**2**

ピンの上に毛束をのせて
かくすように整えよう。
髪のボリュームがふえたように見え、
毛束全体が立ち上がって見えるよ。

**逆毛を立てる**

**1**

髪を結んだら、
片手で毛先をつかんで、
毛先から結び目に向かって
コームでとかそう。

**2**

1を何回かくり返すと、
髪全体がふんわり
ボリュームアップして見えるよ。

## 天然パーマ アレンジ

天然パーマはその名のとおり、「自然のパーマ」。自然な形を存分にいかして、めいっぱいアレンジを楽しもう！

### ゆるふわハーフアップ

**1**
左右両側とも裏あみこみ（192ページ）で結ぶよ。あみ目を少しずつほぐして、ふわっとさせよう。

**2**
1の両方の毛束を、頭の後ろで1本に結んだら完成！

### ねじりロールポニーテール

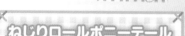

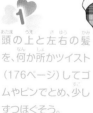

**1**
頭の上と左右の髪を、何か所かツイスト（176ページ）してゴムやピンでとめ、少しずつほぐそう。

**2**
すべての髪をまとめて、ひとつ結び（170ページ）にするよ。全体のバランスを見て、ところどころほぐしたら完成！

## おくれ毛シニヨン

**1**
耳の前の髪をたらしておくよ。そのほかの髪を1つに結んで、後ろの低い位置で巻きつけだんご（181ページ）を作ろう。

**2**
少しずつほぐしてふわっとさせたら完成！

## ふんわり裏あみこみ

**1**
耳の前の髪を残しておくよ。そのほかの髪を2つに分けて、裏あみこみ（192ページ）するよ。

**2**
もう一方も同じようにして、全体的に少しずつほぐしてふわっとさせたら完成！

# なんちゃってパーマ

ゆるふわなパーマって女の子っぽくてかわいいよね！
実は、とってもカンタンにできちゃうんだ♪

**1**

髪を複数の毛束に分けよう。毛束の数が多いほど、より細かいウェーブがかかるよ。毛束それぞれをきつくみつあみ（190ページ）して、そのまま数時間〜ひと晩おくよ。

**2**

時間がたったら、みつあみ部分にヘアスプレーをたっぷりふきかけよう。

**3**

すべてのみつあみをほどき、髪全体をほぐして整えたら完成！

# ヘアアイロンの使い方

ヘアアイロンはすごく熱くなるからヤケドに気をつけて！
使うときはおうちの人といっしょにやろうね。

## カールアイロン

### 1

毛先からヘアアイロンに巻きつけ、巻き上げていこう。後ろの髪を4等分に分け、横の髪は、上下半分にとめておくと巻きやすいよ。

### 2

巻き上げたら数秒キープ！ ゆっくりと髪をすべらせるようにしてヘアアイロンをはずそう。

### 3

残りも同じようにカールさせて、全体をほぐそう。最後にスタイリング剤をつけるとカールがキープするよ！

くれぐれも髪の毛がぬれたまま使わないように注意して！

## ストレートアイロン

カールアイロンの1と同じように髪を分け、1束ずつ平らになるようにアイロンではさもう。おさえたまま、ゆっくり毛先まですべらせるよ。

# 自分で切ってみよう！前髪の切り方

カットしてもすぐにのびてしまう前髪。自分でカットする方法を紹介するよ。ハサミを使うから、ケガをしないようにくれぐれも注意してね！

**1**
前髪をコームでとかしたら、サイドの髪はダッカールでとめておこう。

**2**
前髪を左右と真ん中の3等分に分けるよ。

**3**
真ん中の毛束を人さし指と中指ではさんでうかせ、ハサミをタテにして、少しずつカットしていこう。

**4**
真ん中をカットしたら、左右の髪もカット。外側にいくにつれて少しずつ長めにしていくと、自然な形になるよ。

# レッスン 4

# スキンケア&
# メイクレッスン

すべすべキラつや肌を手に入れるためには

日ごろのケアが大事！ 正しいケア方法をチェックしてみよう。

はじめてのメイクでもかわいく変身できる

きほんのやり方も紹介するよ。

# キラつや肌になりたい！ スキンケアレッスン

正しいお手入れ方法を知って、
ウルウルすべすべな肌を手に入れよう！

## ❈❈ 正しい洗顔方法 ❈❈

肌はとってもデリケートなもの。力まかせにゴシゴシ洗ってしまうと、
ダメージを受けてしまうよ。洗顔料をたっぷり泡立てて、やさしく洗おう。

**用意するもの**

ターバン

タオル

洗顔料

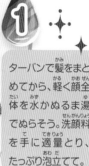

**1**

ターバンで髪をまとめてから、軽く顔全体を水かぬるま湯でぬらそう。洗顔料を手に適量とり、たっぷり泡立てて。

**2**

泡立てた洗顔料を顔全体に広げて、やさしくなでるように円をえがきながら洗うよ。ゴシゴシこするのはNG。おでこや鼻は念入りにね。

**3**

水かぬるま湯ですみずみまでしっかりすすいで。最後に清潔なタオルで、そっとおさえるように水分をとろう。

## 顔の保湿

洗顔や入浴の後は、化粧水や乳液、ボディクリームなどをつけてしっかり保湿しよう。

### 用意するもの

化粧水・乳液

ターバン

### 1 洗顔後10分以内が鉄則！

洗顔後は水分が蒸発してかわきやすくなっているから、なるべく早く保湿しようね。

### 2 化粧水を顔全体になじませる

化粧水を手に適量とって、やさしくおさえるように顔全体になじませるよ。

### 3 乳液でうるおいをとじこめる

化粧水でうるおわせた後は、乳液を手に適量とり、顔全体にぬろう。乳液でうるおいをしっかりとじこめるよ。

## カラダの保湿

### 1 入浴後20分以内が鉄則！

顔と同じく、入浴後のほてった肌はどんどん水分が蒸発してかわきやすいよ。

### 2 保湿クリームやオイルをカラダ全体にぬりこむ

保湿剤を手に適量とり、カラダ全体にぬりこんでいこう。特に、ひじやひざ、かかとはかさかさしやすいから、しっかりケアしようね。

保湿アイテムいろいろ

ボディミルク

ボディクリーム

ボディオイル

ボディローション

# 日焼け対策のポイント

太陽の光にふくまれている紫外線は肌トラブルの原因になるから、対策は大事だよ！
もしも日焼けしたら、ぬらしたタオルなどでしっかり冷やそうね。

## 日焼け止めのえらび方

紫外線はB紫外線とA紫外線、C紫外線という3種類に分けられるよ。そのうちBとAが地上までとどいているんだ。B紫外線は肌を赤くしてヒリヒリさせ、A紫外線は肌を黒くしたり、シミやシワを作るんだ。

そこで、日焼け止めをえらぶときにチェックしたいのが、パッケージに書かれている「SPF」と「PA」という文字。SPFはB紫外線を防ぐ効果、PAはA紫外線を防ぐ効果のことだよ。
右の表を参考にして日焼け止めをえらぼう。

### 毎日欠かさずに！

紫外線が強いのは4〜9月。でも、1年中ふり注いでいるよ。紫外線ケアは毎日しよう。

### くもりの日もしっかり対策

くもりの日も晴れの日の約6割分の紫外線は地上にとどいているんだ。

### 日焼け止めをまんべんなくぬる

日焼け止めはできれば顔やカラダにまんべんなくぬり、ぬり残しがないようにしようね。

### ぬり直しを忘れずに

忘れがちなのが、ぬり直し。2〜3時間おきにぬり直すと効果的だよ。

### サングラス、日傘も効果あり

日焼け止めをぬれない部分は、直射日光をさえぎってくれるアイテムを使うといいよ！

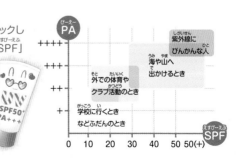

# テカテカ肌の予防ポイント

思春期は毛穴のおくで作られるアブラ（皮脂）が多くなるから、
どうしても肌がテカテカしがち。いちばんの対策法は、規則正しい生活を習慣にして、
ストレスをためないことだよ！　ほかにもココロがけたいポイントを教えちゃうね。

## Point★
### 正しく洗顔
朝と夜、しっかり正しい方法で洗顔して、アブラを落としてね。肌を傷つける洗い方をすると、かえってアブラが多く出てしまうから気をつけよう。

## Point★
### しっかり保湿
肌の乾燥はテカテカ肌の原因になってしまうよ！　しっかり保湿して、うるおい肌をキープしておこうね。

## Point★
### 洗顔のやりすぎはNG
実は、洗いすぎはよくないんだ。肌に必要なアブラまで落としてしまうと、肌を守る力が弱くなって、かえってダメージをあたえてしまうんだ。

## Point★
### バランスのとれた食事
スナック菓子やあげ物など油っぽい食べ物のとりすぎには注意！　野菜や果物などビタミンがとれる食材を食べるのをココロがけてね。

## ◇❀ ニキビができる理由 ❀◇

毛穴に肌のアブラがつまって出口をふさいでしまい、
そこにアクネ菌という菌がふえると毛穴がはれてニキビができてしまうよ。

肌のアブラ　→

→ ニキビ

### ニキビを防ぐために

**毛穴をふさがない！**
肌のアブラやヨゴレがたまらないように
注意しよう。

**細菌をよせつけない！**
清潔なタオルを使う、髪の毛が顔にかからないようにするなど、細菌から肌を守ろう。

**細菌をふやさない！**
正しく洗顔、しっかり保湿で細菌をシャットアウト！

**油っぽい＆甘い食べ物に注意！**
食べすぎると肌のアブラがふえてしまうよ。

**夜ふかし厳禁！**
寝不足や夜ふかしもニキビの原因に！
早寝早起きをココロがけて☆

## ❀ ニキビケアの方法 ❀

ニキビができてしまったら、「さわらない！」
「つぶさない！」が鉄則！　気になってもぐっと
ガマンして。清潔にしておくことを忘れずに、
様子を見ようね。もし、痛みが出てきたり、ひどく
はれてきたりしたらおうちの人に相談して、
病院でみてもらおう。

Love

## いちご鼻ケアの方法

鼻に黒いつぶつぶ（角栓）ができてしまういちご鼻は、
毛穴にアブラやヨゴレがたまってつまっている状態。次のケアを試してみて。

### コットンパックをして角栓をキレイに

お湯にひたして温めたコットンでパック！ 毛穴が開
いたら洗顔でキレイに洗い流そう。

### パックをしたら毛穴を閉じる

開いた毛穴は冷やしたぬれタオルをあてたり、
水で引きしめたりして、しっかり閉じて、ヨゴレが
入りこまないようにしよう。

### つめでおし出さない！

つめで毛穴をおすと、白っぽかったり、黄色っぽい粒
が出てくるけど、これが毛穴につまっていたヨゴレ。
これを無理やりおし出すと、よけいに毛穴を広げた
り、肌トラブルの原因になるからやめようね。

## ぷるぷる唇になる方法

乾燥してガサガサになった唇は、しっかりケアして、うるおったぷるぷる唇に変身させちゃお♪

### リップクリームで保湿

唇は乾燥や紫外線にとっても弱いから、こまめに
リップクリームをぬろう。肌にやさしい成分の入っ
たものがオススメだよ！

### ラップパックもオススメ

リップクリームをぬった後、ラップを唇にのせて
しばらくパックすると、より効果的！ うるおった唇
になるよ。

# ちょっぴり大人っぽく変身♪ はじめてのメイクレッスン

お出かけやイベントのあるときには、
ちょっと背のびしてメイクにチャレンジしてみてもいいかも♪
メイクのやり方のきほんを教えちゃうよ。

## メイクアイテム
はじめてのメイクに準備して
おきたいアイテムをチェック！

### 日焼け止め ベビーパウダー
メイクをする前に肌にの
せて、メイクのしげきや
乾燥から肌を守ろう！

### チーク
ほおに色をつけ、血色を
よく見せたり、立体感を出
すために使うアイテム。

### アイシャドウ
まぶたや目のまわりに
色をつけて、はなやかさ
を出すよ。

### リップ グロス
唇に色をつけるのがリッ
プ（口紅）、唇にツヤや光
沢をたすのがグロスだよ。

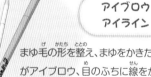

### アイブロウ アイライン
まゆ毛の形を整え、まゆをかきたすの
がアイブロウ、目のふちに線をかき、
目をハッキリ見せるのがアイライン。

### ビューラー
まつ毛をはさみ、カー
ルして、上げるための
道具。

### マスカラ
まつ毛にぬり、濃く、長
く見せるよ。

# まゆ毛の整え方

まゆ毛の形が変わることで、ふんいきも大変身！
まずは、きほんの整え方をマスターしよう☆

キレイに見えるまゆ毛の形は、
❶まゆ頭が目頭の真上からはじまり、
❷まゆ山（いちばん高いところ）が
　白目のはしの上になって、
❸唇のはしと目じりをつないだ
　延長線上にまゆじりが

　くるようにするよ。

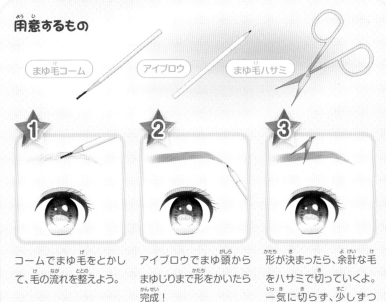

## 用意するもの

まゆ毛コーム　　アイブロウ　　まゆ毛ハサミ

**1**
コームでまゆ毛をとかして、毛の流れを整えよう。

**2**
アイブロウでまゆ頭からまゆじりまで形をかいたら完成！

**3**
形が決まったら、余計な毛をハサミで切っていくよ。
一気に切らず、少しずつカットしよう。

## きほんのアイメイク

ファッションテイストやコーデに合わせて、アイメイクもチェンジしてみよう♪

### ①アイシャドウ

**1** 3色セットのアイシャドウを使ってみよう。いちばんうすい色を、ブラシでアイホール（点線のなか）にぬろう。

**2** 中間の色を**1**で色をぬったところより少し上にぬろう。

**3** いちばん濃い色を目じりにのせよう。目の際に入れるのがポイント！

### ②ビューラー

**1** ビューラーで、まつ毛を根元からしっかりはさんで。

**2** 根元から3段階に分けて上げていくと自然なカールを作れるよ。

## ③アイライン

ビューラーでまつ毛をカールしたら、まつ毛のすき間をぬりつぶすように、アイラインを引いていくよ。小刻みに引くのがポイント！

目じりまでラインをかいたら、目じりから3ミリくらいはみ出してラインを引いて。自然な流れを作れるよ。

## ④マスカラ

ティッシュで、マスカラのブラシについた余分な液をとって、キレイにしよう。

ブラシに液をつけたら、まつ毛の根元から毛先に向かって、小刻みに左右にゆらしながらぬっていくよ。

下まつ毛にマスカラをつけるときには、上目づかいにするとぬりやすいよ。

# チークの入れ方

ほおにほんのりチークをのせると、顔がぱっと明るい印象になるよ♪

笑ったときにほおのいちばん盛り上がったところに、ブラシでチークをのせよう。

ほお骨にそって、小さく円をかきながらチークをのせて。最後に指でなじませよう。

## チークの種類

**パウダー**
アブラっぽい肌の人にオススメ☆

**リキッド**

肌にうるおいを出したい人はこれ！

**クリーム**

しっとりした質感を出したいときに♪

# リップのぬり方

リップもぬり方しだいで印象が変わるよ。シーンによってぬり分けを楽しんでみて☆

ふんわりやさしいふんいきにしたい
**指でぬる**

❶リップを薬指の先に2〜3回こするようにとって。❷上唇の中央からはしに向かってのばそう。下唇も同じようにぬるよ。❸ぬり終わったら、上下の唇を合わせてリップをなじませてね。

しっかりくっきり色をのせたい
**直接スティックでぬる**

❶口を横に広げるように少しあけ、リップを上唇のはしから中央に向かって、すべらせるようにぬろう。反対側からも同じようにぬるよ。❷下唇も同じようにぬって。❸ぬり終わったら、上下の唇を合わせてリップをなじませよう。

# メイク上級者さんへの ワンポイントメイクテクニック☆

## まゆ毛でカンタンイメチェン♪

**ナチュラル** 直線ではなく、ふんわりとした線でカーブをかいて、自然な形にしよう。

**キュート** ゆるやかなカーブをかいて、まゆじりは短めにするのがポイント☆

**クール** まゆ頭からまゆ山までは太めに、まゆ山からまゆじりまではシャープに、細く♪

**清楚** まゆ毛を目と平行な1本の線のように太くかき、品のある形に整えて。

## アイラインで印象チェンジ♪

**すっきり** 目じりの形に自然に流して引くと、切れ長のすっきりした印象に。

**シャープ** 下まぶたの延長線上にちょっと上げて引くと、シャープな印象になるよ。

**おだやか** 上まぶたの延長線上にちょっと下げて引くと、やわらかい印象に。

## 印象が変わる チークの入れ方

キュートな印象「丸チーク」

ほおのふくらんだいちばん高いところに丸くチークをのせると、ふんわりかわいらしいふんいきになるよ♪

大人っぽくクールに「ほお骨チーク」

ほおのふくらみのいちばん高いところから、こめかみに向かってチークを引こう。シャープで大人っぽい印象になるよ。

## メイクの落とし方

肌にメイクが残ったままだと肌があれたり、
ニキビができたり、トラブルが発生しちゃうよ！ しっかり落として、リセットしよう。

**1**
メイク落としを手かコットンに適量とり、顔全体になじませよう。

**2**
目のまわりのメイクはゴシゴシこすらず、コットンなどでやさしくふきとろう。

**3**
ぬるま湯でメイク落としをしっかり洗い流して。その後、洗顔（208ページ）をしよう。

# メイクを楽しむために 注意したいこと

## 肌に合わないものは使わない

保湿剤もメイクも、自分の肌との相性が大事！ トラブルを感じたら、おうちの人に必ず相談しよう。

## その日のうちにしっかり落とす

メイクも、ヨゴレも、余分なアブラも、翌日まで肌に残さないように気をつけて。肌に負担がかかったままだと、肌があれてしまうよ。

## 肌があれているときは使わない

肌の調子がいまいちなときは、余計な負担をあたえるのは×。無理にメイクをしたら、肌をいためてしまうんだ。

## メイクをしていい場所か考える

メイクはとても楽しいけど、時と場合をしっかり考えて。まずは、おうちの人に相談してからにしようね！

レッスン 5

# ネイルケア&
# ネイルレッスン

カラフルでキラキラしたネイルは

見ているだけでもココロがはずむ♪

季節やイベント、その日の服に合わせて、

指先もおしゃれしてみよう！

# 指先をキラぴか★カラフルにチェンジ♪
# はじめてのネイルレッスン

おしゃれガールをめざすなら、
ネイルアートを楽しむだけじゃなく、つめのお手入れも忘れずに。
お手入れ方法ときほん的なネイルのやり方を教えちゃいます。

## ネイルアイテム

ネイルを楽しむために
必要なアイテムを紹介！

## ベースコート トップコート

ベースコートは、つめへのマニキュアの色うつりを防ぎ、トップコートはネイルの仕上げにぬるよ。

## マニキュア

つめに色をつけるためのコスメ。キラキラ光るラメやパールが入ったもの、光沢がなく落ち着いた仕上がりになるマットタイプなどいろんな種類があるよ。

## 除光液

マニキュアを落とすためのもの。ネイルリムーバーともいうよ。強いニオイがするから、気をつけて使おうね。

## シール ラメ、ストーン

マニキュアにプラスするかざり。ネイルがはなやかになるよ！

## つめ切り つめやすり

つめの長さや形を整えるのに必要なアイテム。

## ネイルオイル ハンドクリーム

つめを乾燥から守るための必需品！

# つめの整え方

まずはつめの長さや形をキレイに整えよう！

## 1

つめの角を残して、真ん中をまっすぐに切ろう。

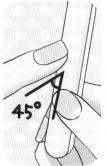

## 2

つめやすりを使い、つめを整えていくよ。つめに対して45度の角度であてるのがポイント。

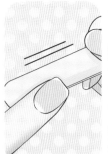

## 3

残していた角をつめやすりでけずるよ。次に切ってザラザラした部分をけずって、全体を整えよう。

## 4

ハンドクリームやネイルオイルを、つめの根元にぬりこもう。

## Q つめみがきでツヤツヤにしたほうがいい？

A つめをぴかぴかツヤツヤにみがける「つめみがき」。たしかに見た目はとてもキレイになるけれど、つめの表面をみがいているから、ダメージがないわけではないよ。みがきすぎないように注意してね。

# ネイルのきほん的なぬり方

さあ、ネイルにチャレンジ！ どんなデザインにも共通する方法だよ。

## ぬるときの姿勢

カラダをしっかり固定しておかないとヨレたり、はみ出してしまうよ。手を開いてテーブルの上に置いてぬってみよう。人によってクセやぬりやすい姿勢は変わってくるから、「しっかり固定！」をココロがけて、自分のベストポジションを見つけよう！

**1**

つめのヨゴレをふきとったら、ベースコートをぬるよ。ボトルの口で、ハケについた余分な液を落として。

**2**

ベースコートがかわいたら、まずはつめの先をぬろう。そうするとマニキュアがはがれにくくなるよ。

**3**

次に、つめの真ん中をぬるよ。根元からつめの先に向かってぬろう。

**4**

続いて、サイドをぬろう。すき間ができないようにしようね。

**5**

反対側のサイドも4と同じようにぬるよ。

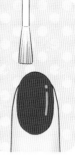

**6**

マニキュアがかわいたら、仕上げにトップコートをぬって。先端、真ん中、両サイドの順にぬるよ。

ちょいテク！
かわかし方

ネイルがかわくまでには、ぬりたて→かわかす→表面がかわいて、固まる（20分）→中がかわいて、固まる（2時間ほど）→完全に固まる（1日）という具合に、とても時間がかかるんだ。だから強くあてたり、引っかいたりしないように、しばらく要注意！
ヨレないようにするためには、早くかわくタイプのマニキュアを使うのもいいね！
ほかにも、氷水に手を入れて冷やすという方法もあるよ。

## はみ出さずぬるための裏ワザ！

### つめのまわりにマスキングテープをはる

マニキュアがはみ出してしまって、上手にぬれない！という人は、マスキングテープで指をカバーしてからぬってみよう。もし、はみ出してしまっても、指はテープに守られているから大丈夫♪ おためしあれ！

# カンタンにネイルを楽しむ方法

「不器用な私にはネイルアートなんてムリ！」なんてあきらめないで！ ネイルシールを使ってデコれば、ワンカラーでぬったつめでもはなやかになるよ♪
それに、マスキングテープを使えば、バイカラーもカンタンにぬれちゃうんだ！

## ネイルシールのはり方

ピンセットでシールをつまんでとろう。

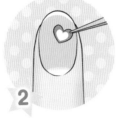

シールをつめにはろう。

シールの上からトップコートをぬって完成。

## マスキングテープを使ったバイカラーのぬり方

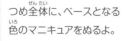

つめ全体に、ベースとなる色のマニキュアをぬるよ。

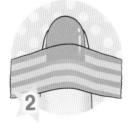

つめの下半分にマスキングテープをはって、上半分にベースとちがう色をぬろう。

上半分もしっかりかわいたら、そっとテープをはがして完成。

226

# ネイルの落とし方

ネイルのぬりっぱなしはつめをいためるんだよ。しっかり落とそうね。

## 全部落とす方法

除光液をたっぷりふくませたコットンをつめに10秒ほどおしあてて、やさしくふきとろう。

## 部分的に落とす方法

除光液をしみこませためんぼうを、はみ出た部分にあて、やさしくこすって落として。

## つめをいためないように注意したいこと

### ひんぱんにぬる⇔落とすをしない

ネイルのしすぎは、つめに負担をかけて、いためてしまうよ。
一度ネイルを楽しんだら、次はしばらく休ませてからにしよう。

### 乾燥から守る

つめの表面や指先が乾燥していると、マニキュアがはがれやすくなったり、
つめが割れてしまったりするよ。しっかり保湿をしようね。

### 変色するなど異常があったらすぐにやめる

つめが白やむらさきなどに変色してしまったら、
すぐにネイルを落として!
様子を見ても治らなかったら
おうちの人に相談して
病院でみてもらおう。

# どれを試してみたい?
# ネイルアートコレクション

いろんな柄やデザインがあって、
目うつりしちゃう! あなたはどれが好き?

## ワンカラー

1色で仕上げる、いちばんシンプルで
ベーシックなスタイル。

## グラデーション

同系色のマニキュアを使い、つめの先に向かって
だんだん色が変わっていくネイル。

**1**

つめ全体に、ベースとなる
色のマニキュアをぬるよ。

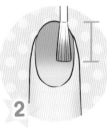

**2**

次に1より少し濃い色の
マニキュアを、つめの先か
ら3分の2のところから、先
に向かってぬろう。

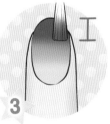

**3**

いちばん濃い色のマニ
キュアをつめの先から3分
の1のところにぬり重ねた
ら完成!

## フレンチ

ベースカラーとつめの先にぬったカラーの
2色を楽しむネイルだよ。

**1**

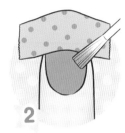

**2**

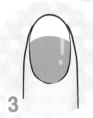

**3**

つめの先のカラーを全体
にぬろう。

マスキングテープをつめ
の先にはって、それ以外の
部分に1とちがう色のマ
ニキュアをぬるよ。

マニキュアがかわいたら、
そっとテープをはがして
完成！

## 逆フレンチ

つめの根元あたりの白くなっている部分と、
それ以外の部分で色を分けるよ。

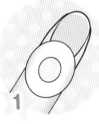

**1**

**2**

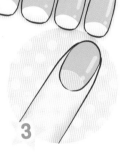

**3**

真ん中に穴のあいたパン
チ穴シールやマスキング
テープをつめの根元には
ろう。

シールやテープをはった上
の部分に、好きな色のマニ
キュアをぬるよ。

マニキュアがかわいたら、
シールやテープをそっとは
がして完成！

## ラメ

キラキラ光る素材のラメを使ったスタイル。
ラメパウダーや、ラメが入っているマニキュアを使うよ。

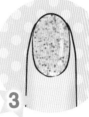

**1**
つめ全体にトップコートを
ぬろう。

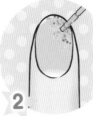

**2**
トップコートをつまようじ
の頭につけてから、ラメパ
ウダーをつけたら、つめに
少しずつのせていこう。

**3**
つめ全体にラメをしきつめ
たら、トップコートをぬって
完成！

## ストーン

宝石のようにキラキラ光るストーンという
パーツをネイルにのせるはなやかなスタイルだよ。

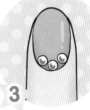

**1**
つめ全体に、ベースとなる
色のマニキュアをぬるよ。

**2**
ストーンをのせたい部分
にトップコートをぬって、ピ
ンセットでストーンをのせ
よう。

**3**
ストーンをならべ終わっ
て、動かなくなったら、上
からトップコートをぬって
完成！

## マーブル

2色以上のマニキュアが不規則に
うずを巻いたような模様のデザイン。

**1**
つめ全体に、ベースとなる
色のマニキュアをぬろう。

**2**
手早く2色以上のマニキュ
アをところどころにのせる
よ。

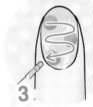

**3**
マニキュアがかわかないう
ちに、つまようじの頭で色
を混ぜていこう。

## ホログラム

ホログラムというスパンコールのように
光沢のあるうすいフィルムをはりつけるよ。

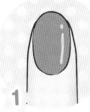

**1**
つめ全体に、ベースとなる
色のマニキュアやベース
コートをぬるよ。

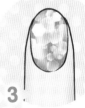

**2**
1 がかわく前に、つまよう
じの先でホログラムをの
せていこう。

**3**
ホログラムを動かさないよ
う、上からトップコートを
そっとぬって完成！

## ドット

ポップなイメージでキュート♪
色の組み合わせでバリエーションも無限大!

**1** つめ全体に、ベースとなる色のマニキュアをぬろう。

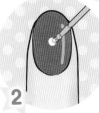

**2** ①がかわいたら、つまようじの頭に①とちがう色のマニキュアをつけ、つめにまっすぐにあてよう。

**3** 全体のバランスを見ながら、②をくり返して。

## ストライプ

タテ長に見せる効果もあるから、つめが短めの人にもオススメ!

**1** つめ全体に、ベースとなる色のマニキュアをぬり、別の色を使って、はけの角でまっすぐ線を引くよ。

**2** ①で引いた線の上を2~3回重ねてぬって、少しずつ太くしよう。

**3** ①~②と同じことを何回かくり返したら完成!

# ペディキュア

足のつめにマニキュアをぬったり、ネイルアートをすることを「ペディキュア」というよ！

## ぬるときの姿勢

ペディキュアをぬるときは、人によっては、片ひざを立てたり、平らな場所で体育座りをすると安定するという人もいるよ。自分がぬりやすい姿勢を探してみてね。

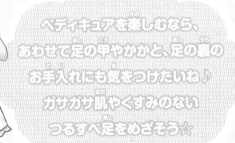

ペディキュアを楽しむなら、
あわせて足の甲やかかとと、足の裏の
お手入れにも気をつけたいね♪
ガサガサ肌やくすみのない
つるすべ足をめざそう☆

## 両サイドのぬり残しに注意して！

足のつめは食いこみ気味の人が多くて、左右をぬり残しがちだよ。スミまでぬり忘れがないように気をつけて！

# 指先でも季節を楽しんじゃおう☆
# イベント別デコネイルカタログ

季節やイベントに合わせて、
ネイルをチェンジしてちゅーもくを集めちゃおう♪
細かい絵はつまようじやネイル用の細い筆でかこう。
難しければ、ネイルシールをはるとラクちんだよ！

## 春 Spring

**桜** ストーンやホログラムを使って、
キラキラさせてもかわいい♪

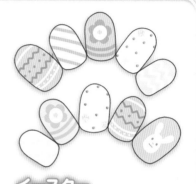

### イースター

イースターエッグの模様を、お絵かき気
分で楽しんじゃおう！ つめごとに色を
変えるとカラフル♪

### いちご

カラーフレンチといわれるスタイル。真っ
赤なマニキュアを使っているからキュー
トながら大人っぽいふんいきだね☆

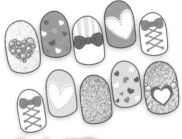

### ハート・リボン

パーツをハートの形にならべたり、ハー
トの形のストーンやラメをランダムにの
せるよ。リボンはシールでも◎！

# 夏 *Summer*

## マリン

青から白へのグラデーションが海のさわやかなイメージにぴったり！

## フルーツ

ポップで元気、フレッシュな印象にしたいときにオススメ！

## かき氷・アイス

かき氷の柄は、ベースに白のマニキュアをぬり、つめの先に濃い色のマニキュアをたらしたようにぬるとシロップらしさが出るよ！

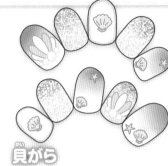

## 貝がら

貝がらやパールのパーツをはりつけよう。ツヤ感のあるマニキュアをぬると、本物の貝みたいになるよ☆

## お祭り・花火

和風な柄は浴衣にもぴったり。花火やヨーヨーの柄を参考にしてみよう。

# 秋 Autumn

## 落ち葉
秋は落ち着いた茶系のマニキュアを
ぬってみよう。オレンジのもみじの
シールをはっても◎！

## ハロウィン
ハロウィンはオレンジや黒、むらさきの
マニキュアでポップに仕上げよう！ 黒
をベースに白い線をかいたり、白いマス
キングテープやネイルシールのライン
テープをはれば、ほうたいオバケのでき
あがり☆

# 秋(あき) Autumn

## コスモス・お月見(つきみ)

落ち着いたベージュ系(けい)のピンクをチョイスすると◎。コスモスや、お月見のウサギとおだんごなど、秋(あき)らしいアイテムでキュートに仕上(しあ)げよう。

# 冬(ふゆ) Winter

## 雪(ゆき)・雪(ゆき)だるま

冬(ふゆ)には、雪(ゆき)や雪(ゆき)の結晶(けっしょう)、雪(ゆき)だるまのモチーフを楽(たの)しみたいね！ 青(あお)や白(しろ)の冬(ふゆ)らしいベースに、シールやラメ、ストーンを合(あ)わせて、キラキラをプラス☆

## 冬 Winter

### クリスマス

クリスマスカラーの赤、緑、白はもちろん、金や銀のストーンやラメ、クリスマスモチーフのシールを使ってはなやかにかざってみよう！ ストーンを丸くならべるとリース、三角にならべるとツリーができちゃうよ♪

### お正月

おめでたい色の組み合わせ、赤＋白でお正月気分をアップ↑金のラインがグッドポイント！

### バレンタイン

あま〜い香りがただよってきそうなチョコレートをイメージしたネイル。マットな色のマニキュアを使うと、より本物っぽく見えるよ☆

# レッスン 6

# ボディケアレッスン

カラダが大人へとだんだん変化していく時期。

ギモンや不安が出てくるよね。

そんな「なぜ？」「なに？」

「みんなどうしてるの？」にこたえていくよ！

239

# ステキ女子でいたいから気になる
# ボディケアのあれこれ

真のキラキラボディを手に入れるために、
ココロがけておきたいケアを紹介するよ！

## バスタイム

カラダをキレイにするためにも、冷え性を解消するためにも、バスタイムは大事♪ シャワーだけですませず、毎日湯船につかって、しっかりカラダを温めよう！ 38～40℃くらいのお風呂にゆっくりつかるのが、カラダへの負担もなくて◎！ 足や腕などを軽くマッサージすると疲れがとれて、スッキリするよ。

**バスタイムのポイント**

食後30分からがオススメ

水分補給をしっかりと！

ここをしっかり洗おう！

アブラの多い場所

胸、わきの下、背中

角質がたまりやすい場所

ひじ、ひざ、かかと

### カラダの洗い方のポイント

**Point 1** ニオイが気になるところはていねいに洗おう！

わきの下や足などニオイが気になるところはよりていねいに洗い流して。ほかにも、カラダのアブラが多い胸や背中、角質（古い皮ふ）がたまりやすいひじ、ひざ、かかとも念入りにね！

**Point 2** ゴシゴシこすらず、やさしく洗おう！

肌を強くこすってしまうと、肌がダメージを受けてしまって、乾燥や肌あれの原因に。ボディソープをたっぷり泡立ててやさしく洗おう。

# ニオイケア

ニオイが気になったら原因をチェック！　しっかりケアしようね☆

## ニオイの原因チェックリスト

不快なニオイは、ヨゴレはもちろん、精神的なものなどいろんな原因から起こるんだ。まずは、下のチェックリストを見て、考えられる原因を探ってみよう！

**口**
- □ 寝起き
- □ 虫歯、歯周病
- □ 舌のヨゴレ
- □ 悩み、ストレス
- □ 口呼吸
- □ かぜ、鼻づまり
- □ 発熱
- □ 下痢、便秘

**カラダ**
- □ 汗っかき
- □ 水虫
- □ 洗い残し
- □ 悩み、ストレス
- □ ダイエット
- □ かたよった食生活

## ケアの方法

原因がわかったら、それを解消できるようにココロがけてみよう。ほかにも規則正しい生活、バランスのよい食生活、しっかり歯みがきをする、入浴時にていねいにカラダを洗う、清潔なものを身に着けるということが大切だよ！
どうしても気になったら、デオドラントグッズを使ってみても◎。

スプレータイプ　　シートタイプ　　ウォータータイプ

レッスン 6　ボディケア

241

# カラダの変化に合わせたハウツー

家族や友達には相談しづらい
カラダのケア方法や対処法を教えちゃうよ☆

## ムダ毛ケア

**Q ムダ毛をそると濃くなるってホント?**

**A** 毛が濃くなることはないよ。そった毛の断面が濃くなったように見えているだけだよ。

**Q ピンセットでぬいてもいいの?**

**A** 毛穴からばい菌が入る可能性があるからNG。ムダ毛ケアは、肌を傷つけないように気をつけてカミソリでやさしくそろう。

### ムダ毛ケアで使うカミソリ紹介

おもに、T字とL字のカミソリを使ってそるよ。はじめてカミソリを使うときは、おうちの人に聞きながら使おうね☆ 使い終わったカミソリはしっかりキャップをつけてかたづけよう!

**T字型カミソリ**

広い範囲をそれるT字の形をしたカミソリ。わきや腕、足のムダ毛ケアのときに使おう。

動かす方向

**L字型カミソリ**

ほぼ一直線の形をしていることからI字型といわれることも。顔の産毛やまゆ毛の形を整えるときに使おう。

**横すべりはNG!**

横すべりは肌を傷つけてしまうから絶対にやってはダメ! 正しい方向を守ろう。

## ムダ毛をそるポイント

**Point 1** ばい菌が入らないよう、
カラダをキレイにしてからそろう！

**Point 2** お風呂に入って、カラダを温めた後は
皮ふがやわらかくなってそりやすいよ！

**Point 3** そる前は、よく泡立てたボディソープや
クリームをぬってから！

**Point 4** そり終わった後は、
しっかり保湿クリームをぬろう！

## ムダ毛のそり方

そる部分によってカミソリを使い分けよう。肌を切ったり、傷つけたりしないように
十分気をつけてね。そり終わったら、そった毛を落としてキレイにしよう☆

顔はL字型カミソリを使おう。まゆ
毛の間は上から下に向かってそる
よ。口角（口のはしから上）の近く
は外側から内側に向かって。あご
は上から下に向かってそろう。

T字型カミソリを使う
よ。そる部分をしっか
り鏡で見られるよう
にして、毛のはえて
いる方向にそろう。逆
向きにそってしまう
と肌を傷つけてしま
うから注意して。

T字型カミソリを使うよ。わきの下と同じように、
毛のはえている方向に上から
下へそって。

**腕・足**

# ブラデビュー

胸がふくらみはじめたのは、大人へと近づいているサイン。あせらずおうちの人やお店の人と相談しながら自分にあったブラを見つけていこうね。

## Q 何歳からつけるの?

A 早いと9〜10歳くらい。胸の先がチクチクしだしたり、胸全体がふくらみはじめたらブラをつけてみよう。人によってカラダの成長はちがうから、「何歳から」という決まりはないよ☆

## Q 親に話しづらい…

A カラダの成長について相談するのははずかしいよね。でも、それって親も経験してきたことだし、思いきって話してみよう♪　どうしても話しにくかったら保健の先生や相談しやすい人に話してみて!

### ブラの種類

**タンクトップ キャミソール**
胸部分にカップがついたものがあるよ。胸のふくらみが気になりだしたら着てみよう。

キャミソール　　　　　タンクトップ

**スポーツブラ**
胸がふくらみはじめた頃は胸の先が痛くなることも。肩ひもがずれにくいスポーツブラなら動きやすくて◎。

**ワイヤー**
胸の下側に、胸をささえるような形でワイヤーが入っているよ。胸の形をキレイに保てるんだ。

**ノンワイヤー**
胸にやさしくフィットするように作られているよ。ワイヤーが入っていなくて、しめつけがなく自然なつけ心地だよ。

## ブラのつけ方

正しくつけられていないと、肩がこったり、肌がこすれたりしてしまうよ。きほん的なつけ方をチェックしておこう！

ブラの肩ひも（ストラップ）に腕を通し、前かがみになって、ブラを胸にあてるよ。

前かがみのまま、ホックをとめて、胸をカップの内側によせるようにしまおう。

最後に、ストラップの長さを調整。肩ひもが落ちず、腕を上げてもズリ上がらなければOK！

### ブラつけ安心コーデ

ブラの一部が見えたり、服の下にすけて見えるのはちょっとはずかしい…。そんなときのコーデのポイントを紹介するね。

**Point 1　えりぐりが大きくあいていないトップスをえらぼう**

えりぐりが広すぎると、前かがみになったときに見えてしまう可能性があるよ。

**Point 2　肌の色に近いブラをえらんだり、インナーを重ね着するとOK！**

うすめの色やうすめの生地の服を着ると、すけて見えやすいよ。そういうときは、うすいベージュやピンクなどのブラをえらんだり、タンクトップなどインナーを重ね着したりしようね。

**Point 3　肩ひも見え防止にはチューブトップを着よう！**

オフショルダーのような肩見せ服を着るときには、肩ひもがないチューブトップというインナーがオススメ♪

# はじめての生理

はじめてでわからないことも、あらかじめ知っておけば心配することないよ！
生理になったとき、どうしたらいいか教えちゃうね。

## Q みんないつ頃から生理がはじまるの?

A 小学校中学年くらいから、だんだん大人のカラダに近づいていくんだ。人それぞれカラダの成長によってちがうけど、早いと9～10歳くらいからはじまる人もいるよ。

## Q 生理痛がひどい!ふらふらしちゃう…

A 鉄分の多い食事をとって、お風呂にゆっくりつかってリラックス。早く寝るなどカラダを休めるようにしようね。

## ナプキンを上手に使おう

羽根なし　　　羽根つき

生理用ナプキンには、昼用・夜用、多い日用などいろんな種類があるんだ。羽根つきはショーツにしっかり固定できるから、たくさん動くときは安心。ナプキンはポケットつきショーツやハンカチポーチに入れて持ち歩くのがオススメだよ。

### 生理用ショーツ&ナプキン用ポーチ

▼ポケットにナプキンを入れられるタイプのショーツもあるよ。

小さなポーチやハンカチポーチに入れると持ち運びやすい♪

◀生理用ショーツはナプキンがずれないようなデザインになっているよ。

## 生理日
## 安心コーデ

カラダのなかでさまざまな変化がおこって、バランスがくずれがちな生理日のコーデ。いくつか気をつけたいポイントがあるよ☆

お腹を冷やすと生理痛がひどくなる可能性もあるよ。ロング丈だとお腹をつつんで冷えにくい♡

色が濃いボトムスのほうが、万が一もれても見えづらいから◎

アンダーパンツやレギパンをはけば、ショーツのズレを防止できるよ！

生理中はカラダを冷やさないように注意して。くつ下やタイツなどをはいて、しっかり冷え対策を！

### もしも学校で生理になってしまったら…

ナプキンやショーツを貸してもらえるところが多いから、あわてずに保健室の先生に相談しよう。

## アフターレッスン
# かわいく写真を撮ろう♪

めいっぱいおしゃれをしたら、かわいく変身した自分や友達を写真撮影しちゃおう！
スマホなどで自撮りするときのテクニックを教えちゃうよ！

## ポイント1
# 手ブレしないように
# 固定して持つ

自撮りするときには、手をのばさないと画面に入りきらないことも…。でも手をのばすと不安定だから手ブレしやすいよね。しっかり固定して持つことができる方法を紹介するよ。

❶スマホの両側を人さし指と小指でしっかりはさもう。
❷そのまま中指と薬指でスマホをささえて固定するよ。
❸親指でシャッターをおそう。

## ポイント2
# カメラを顔より
# 高い位置にかまえる

「スマホの位置を顔より上にかまえる」のが自撮りでかわいく撮影するコツ☆　スマホカメラは魚眼レンズという撮影したところが大きく曲がったように撮れるレンズを使っているんだよ。だから、顔の正面から撮影すると、鼻が大きく写っちゃう。20度くらいの角度に持ち上げて撮影すると、小顔になって、目を大きく見せられるよ☆

### ポイント 3

## カラダを ななめ45度ひねる

カメラに対して、カラダの角度をななめ45度にすると、鼻筋が通ってあごのラインがすっきり！ 顔立ちをキレイに見せられるよ♪ さらに、腰をひねるようにすると、ウエストラインが細く、引きしまったように見えるんだ！ カンタンにできるテクニックだよ☆

### ポイント 4

## 小首をかしげる アゴを引く

利き顔（筋肉がよく動き、表情が豊かに見える側の顔）をカメラに向けて、首を少しかしげてみよう♪ 合わせて、軽くほほえむとキュートで清楚なふんいきで自撮りできちゃうよ。でも、首をかたむける角度が大きすぎると、わざとらしくなるから注意して！ あごは少し引くようにすると、小顔効果がアップ！

## ポイント 5
# チャームポイントを いかそう！

ほとんどの人の顔は、左右で形や大きさがちがうんだ。だから、左右どちらから撮影するかによって顔の印象が変わってくるんだよ。鏡で自分の顔を左右見くらべてみよう。「自分が好きな向き」がわかったら、意識的に好みの向きから自撮りしてみて♪

### キュッとコンパクトな 顔に見せたい！

口を横に大きく開いて撮るより、笑顔になりすぎない＋歯を見せないように撮るのがポイント☆

### 顔をほっそり 見せたい！

顔を少し横に向けて撮ったり、顔の横側を髪の毛や手、小物でかくしてみるとグッド♪

### 鼻を高く 見せたい！

明るい場所でななめ45度から撮ってみよう♪ メガネをかけていると鼻が目立つことがあるから、メガネはとってから撮影しても◎

### 目をパッチリ 大きく見せたい！

カメラを見上げるように撮ることでデカ目＋小顔効果あり！ あえて目線をはずして、ふし目がちに撮るのもオススメ☆

**ポイント6**

# 光に気をつけて撮ってみよう

暗すぎても、明るすぎても×。自然光で撮るのが、いちばんキレイに撮れるんだ☆ 室内なら、自然光の入る窓ぎわがグッド！ でも、光といっても、直射日光や蛍光灯では自然な肌の色が出ないから、できるだけさけようね。

## 強すぎる直射日光にはカーテンを使う

部屋のなかでも時間帯によって直射日光が強くあたる場合も。日ざしが強い場合は、レースのカーテンを引いて撮影すると、光がやわらかくなって◎。

## フラッシュは使わないほうが自然なふんいきを出せる

フラッシュを使うと、いちばん高い部分（鼻）のあたりに光が集中して顔の中心が白っぽく見えたり、不自然なかげができてしまうことがあるから注意して！

## 日かげやくもりの日は撮影にオススメ！

直射日光が強すぎると、白とび（顔が白く写ってしまい、のっぺりして見える）することがあるよ。そういう場合は、日かげで撮影すると白とびを防げるよ。くもりの日もオススメ。

## ワンランクアップテクニック
# わざと目線を
# はずしてみる

思わず目に力が入ってしまうという人は、「目線はずし」を試してみて♪ カメラをまっすぐ見つめないようにして、目だけを少し横や下に向けると、こなれ感を出せたり、ふんわりとやわらかい表情を撮れるよ！ 持っているものを見るのも◎。

## ワンランクアップテクニック
# 鏡ごしに撮ってみる

スマホはインカメラ（画面側のカメラ）よりアウトカメラ（背面）のほうがキレイに撮影できるんだ。だから、鏡ごしに自撮りするのもオススメ☆ スマホの位置は唇に少しかかるくらいがベスト！ こなれ感がアップするよ。せっかくだから、背景にも気を配って。余計なものが入らない、シンプルな場所がベストスポットだよ！

友達といっしょに撮るのもいいね！
にぎやかで楽しいふんいきも出るし、
自然な笑顔が撮れるよ♪

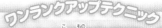

## ワンランクアップテクニック
# かわいい小物やドリンク、スイーツを持って撮る

かわいい小物やぬいぐるみ、文房具、話題のドリンクやフードを顔より前に持って撮ると、キュート&はなやかになるだけでなく、小顔見せ効果も！ドリンクやフードなら、口にちょっとくわえたり、スプーンも持ったりすると動きが出てグッド♪「主役はあくまで小物！」という撮り方を意識して、あまり大きく笑ったり、大げさな表情にしないほうがステキに撮れるよ。

# 自撮りを楽しむために

## ほかの人たちのジャマにならないように！

撮影に夢中になると、ついつい場所を広くとってしまったり、通行のジャマになってしまったり…。ほかの人に迷惑をかけないのがきほんだよ♪

ルールを守って楽しもうね

## お店で撮影するときは、店員さんにひと言ことわってから

お店によっては、撮影してはいけない物や場所があるから、お店で撮影するときには、必ず店員さんに「撮影してもいいですか？」と声をかけよう。SNSに写真をのせたい場合も、大丈夫かどうか確認しようね。